Bruce Dewe, Joan Dewe: Tibetische Energie

PKP International

VAK CONCEPT

Bruce A. J. Dewe
Joan R. Dewe

Tibetische Energie

Selbsthilfe mit Kinesiologie

VAK CONCEPT

VAK Verlags GmbH
Kirchzarten bei Freiburg

Titel der neuseeländischen Originalausgabe:
»Tibetan energy and vitality workshop. Timeless ways to increase your energy and vitality«

Die Deutsche Bibliothek – CIP-Einheitsaufnahme

Dewe, Bruce:
Tibetische Energie : Selbsthilfe mit Kinesiologie / Bruce Dewe ; Joan Dewe.
[Übers.: Rotraud Oechsler]. – Freiburg (Breisgau) :
VAK, Verl. für Angewandte Kinesiologie, 1998 -
(VAK concept)
Einheitssacht.: Tibetan energy and vitality workshop <dt.>
ISBN 3-932098-25-0

Übersetzung: Rotraud Oechsler
Lektorat: Judith Flamm, Norbert Gehlen
Umschlag: Hugo Waschkowski
Satz und Layout: Norbert Alvermann
Druck und Herstellung: Clausen & Bosse, Leck
Printed in Germany
ISBN 3-932098-25-0

Inhalt

Wichtige Hinweise

Die Autoren und *PKP International* verstehen keinen Teil dieser Arbeit direkt oder indirekt als Diagnose oder Verschreibung für Leser oder Ausbildungsteilnehmer.

In der *Professional Kinesiology Practice* (PKP) und im *Touch for Health* (TfH) stellen wir weder Diagnosen, noch verordnen oder behandeln wir auf irgendeine Weise Erkrankungen oder Krankheiten. Wir wollen keinen Menschen davon abhalten, Ärzte, Medikamente, Operationen oder medizinische Behandlung in Anspruch zu nehmen, wenn er ihrer bedarf.

TfH-Anwender und PKP-Praktizierende behandeln überhaupt nichts. Wir arbeiten in einer anderen Dimension. Wir arbeiten mit feinstofflichen Körperenergien, die im medizinischen Modell nicht vorkommen. TfH-Anwender und PKP-Praktizierende arbeiten nicht an einem Leiden, an Symptomen oder an einer bestimmten Krankheit. Unser Interesse gilt der Verbesserung der Gesundheit: wie man sie erreicht, erhält und verbessert, indem man sich seines Daseins und seiner besonderen Bedürfnisse bewußter wird.

Wer die in diesem Buch beschriebenen Tests und Korrekturübungen anwendet, tut dies in eigener Verantwortung. Die qualifizierte Anwendung des kinesiologischen Muskeltests ist nur nach intensiver persönlicher Schulung (in einem Kurs oder durch professionelle Kinesiologen) möglich.

Danksagung

Wir danken einander für den Beitrag, den jeder von uns zu diesem Workshopbuch und zum Umgang mit Streß in unserem Alltag geleistet hat.

Professor Kingsley Mortimer, der sich als bereits emeritierter Anatom zum Fachmann für Psychogeriatrie ausbilden ließ, lehrte uns zuerst das Konzept der Unausgeglichenheit *(dis-ease)* als Vorläufer von Krankheit und ermutigte uns, die etablierten medizinischen Lehrsysteme zu hinterfragen.

Der Chiropraktiker Dr. George Goodheart adaptierte den von den Professoren für Physiotherapie Kendall / Kendall und Wadsworth entwickelten Muskelkontraktionstest und revidierte und erweiterte damit den Anwendungsbereich der Chiropraktik. Er gilt zu Recht als „Vater" der Angewandten Kinesiologie.

Der Chiropraktiker Dr. John Thie machte das als Muskeltesten bekannte Biofeedbacksystem und das „Figur-8-Energiesystem" durch sein Buch *Touch for Health* (Gesund durch Berühren) jedermann zugänglich. Er betraute uns mit der Aufgabe zu lehren, Lehrer auszubilden und die TfH-Synthesis über sein Buch hinaus zu entwickeln, denn auch wir teilen seine Vision, daß diese Fähigkeiten jedermann überall zugänglich sein sollen.

Gordon Stokes von *Three In One Concepts* und Autor von *One Brain* lehrte uns mehr über Wahlmöglichkeiten und wie man sie nutzt. Er entwickelte außerdem die Kunst des „Muskeltestens im klaren Funktionskreis" weiter und lehrte uns mehr über Streßmanagement, Lehrmethoden und Präsentationsfähigkeiten.

Von Brian Butler hörten wir zum ersten Mal den Ausdruck „flockiger Handschuh" *(fuzzy glove)*.

Dr. Richard Gerber, der Autor des Buches *Vibrational Medicine*, schenkte uns eine neue Sprache, um die Physik der antiken Heilkünste zu erklären.

Dank demjenigen, der uns vor vielen Jahren den Zeitungsartikel über „The Colonel" aus Indien und seine Aufzeichnungen über die Energieübungen der tibetischen Mönche gab.

Esther Alward, TfH-Instructorin aus Neuseeland, zeichnete die Diagramme zum Muskeltesten, während sie den *Tropical Workshop* in Bali besuchte. Wir danken ihr.

Wir danken Ihnen, daß Sie sich für einen Workshop über Vitalität und Selbsthilfe interessieren. Wir sind überzeugt davon, daß Sie danach noch viele *Touch for Health*-Workshops besuchen werden.

Wir sind auch überzeugt davon, daß wir Sie in einem unserer PKP-Workshops begrüßen dürfen, wenn auch Sie von der Vision ergriffen sind, an *Touch for Health* und anderen kinesiologischen und gesundheitsverbessernden Selbsthilfemethoden teilzuhaben.

1 Einführung

Dies ist die Buchfassung eines Workshops, der ursprünglich für die Klienten unseres eigenen Zentrums entwickelt wurde. Da wir sehr viel reisen, ist ein notwendiger Bestandteil unserer Lehrprogramme, daß unsere Klienten von uns unabhängig werden. Sie haben diese Fähigkeiten zum Streßabbau leicht erlernt und angewendet. Die Geschichten ihrer Erfolge erfreuen unser Herz.

Unser Ziel war und ist es, Ihnen einige einfache praktische Techniken zur Streßbewältigung nahezubringen. Sie können sie für sich selbst, in Ihrer Familie und bei Ihren Freunden anwenden.

Dieser Workshop ist das Ergebnis der gesammelten Ressourcen und der gemeinsamen Philosophie von Bruce Dewe, einem Arzt, und Joan Dewe, einer Lehrerin. Unser Ziel ist, Menschen zu stärken, ihnen neue Hoffnung und Rüstzeug an die Hand zu geben und Wege zu zeigen, wie sie aus ihrer momentanen Situation herauskommen können, sei es nun aus Schmerzen, Dysfunktionen, Erschöpfung, Schwäche, Müdigkeit, Frustration oder großer Hoffnungslosigkeit.

Im Workshop wenden wir das Muskeltesten aus der Kinesiologie als praktischen Biofeedback-Mechanismus an. Wir betreiben schon einige Jahre lang, seit Bruce sich zum Rückzug aus der traditionellen medizinischen Praxis entschlossen hat, eine recht erfolgreiche kinesiologische Beratungsstelle. Von diesem Stützpunkt aus haben wir zahllosen Einzelpersonen geholfen, ihre eigenen Antworten auf ihr jeweiliges Problemfeld zu finden. Wir glauben, daß jeder von uns die gottgegebene Quelle in sich trägt, um die Antworten auf seine eigenen Probleme und Bedürfnisse zu finden.

Wir arbeiten jedoch nicht nur mit Einzelpersonen, sondern wir ermutigen unsere Klienten, Kurse zu besuchen, in denen wir diese Fähigkeiten lehren. Wir glauben fest daran, daß man den Bedürftigen zwar Fisch geben muß, es aber letztlich wirkungsvoller ist, ihnen das Rüstzeug zur Verfügung zu stellen und sie selbst das Fischen zu lehren. Zu unseren gemeinsamen Fähigkeiten gehört, Wissen, das unverständlich oder „esoterisch" erscheint, aufzubereiten und es in einer klaren, präzisen, leicht nutzbaren Form zugänglich zu machen. Wir sind motiviert, Informationen zu vergleichen und weithin zu verbreiten, so daß Menschen aller Rassen, Konfessionen und Kulturen die Möglichkeit haben, sie zu nutzen.

Coby Schasfoort aus den Niederlanden, berichtete in ihrer Rede auf einer der weltweiten *Touch for Health*-Konferenzen über den Plan, einen neuen Kurs für ältere Krankenschwestern, die in der Gemeinde arbeiten wollen, einzurichten. Sie nannte ihn „Programm der weisen Frau an der Ecke" *(Wise woman on the corner).*

Es ist unser Ziel, daß Sie ein weiser Mensch werden, der sich selbst, seiner Familie und seinen Freunden helfen kann. Es ist auch unser Ziel, daß Sie uns helfen, Menschen an der Ecke jeder Gasse, jeder Land- und Dorfstraße, in jeder Klein- und jeder Großstadt zu finden und zu weisen Menschen zu machen.

Die vorherige Ausgabe dieses Textes wurde in mehrere Sprachen übersetzt und wird zusammen mit unserem Buch *Frei von*

Streß in unserem Miniworkshop über Streßabbau als Arbeitsgrundlage verwendet.

Wir bitten Sie, das, was Sie gelernt haben, anderen mitzuteilen, mehr darüber in den Literaturempfehlungen zu lesen, es in Ihrem Leben anzuwenden und Ihre Familie und Freunde zur Teilnahme an diesem Seminar anzuregen.

Nutzen Sie diese Informationen und Fähigkeiten, und werden Sie ein liebevoller, fürsorglicher Mensch mit größerer innerer Stärke und mit mehr Wahlmöglichkeiten in Ihrem Leben.

Der Zweck der tibetischen Energieübungen

Besser auszusehen und uns besser zu fühlen ist ein Grund, warum wir unser Energieniveau anheben wollen. Geringe Energie, Müdigkeit, Schmerzen und Motivationsverlust sind Zeichen dafür, daß unser Körper unter seinem Höchstniveau arbeitet.

Wir tun viel, um unsere Energie zu verbessern

1. Wir essen gesunde Nahrungsmittel.
2. Wir trinken täglich acht Gläser gefiltertes Wasser.
3. Wir machen Übungen, um:
   a) unsere Muskeln zu stimulieren,
   b) unseren Blutkreislauf zu verbessern und
   c) den Lymphfluß anzuregen.
4. Wir nutzen Entspannungstechniken, um unseren Streß zu reduzieren.

Die unterschiedlichen Bahnen für Energieströme im Körper

- Die Nahrung fließt in den Bahnen des Darmtraktes.
- Das Blut fließt in den Bahnen der Arterien, Kapillaren und Venen.
- Die Luft zirkuliert in den Bronchien und Bronchiolen.
- Die Lymphe fließt in den Lymphgefäßen.
- Die Neurotransmitter zirkulieren entlang der Nervenbahnen.
- Das Chi fließt in den Meridianen.

Tibetische Medizin

Die Tibeter haben allerlei Hilfsmittel in ihrem medizinischen System: Heilungstantras, Kräuter, Blüten, Energieübungen und die Akupunktur. Sie sagen, sie haben ihre Kunst der Akupunktur nach China gebracht.

In diesem Workshop werden vier weitere von den Tibetern beschriebene Energiesysteme gelehrt:

Der Energiefluß der „Achten"

Diese Energien werden in dem Buch von Dr. John Thie *Gesund durch Berühren* als Energie-Nebenbahnen beschieben. Unsere Erfahrung hat gezeigt, daß das Aktivieren dieser Energieströme eine äußerst wirksame Energiekorrektur darstellt, die zur Balancierung der Energie anderer Körpersysteme eingesetzt werden kann. Sie scheint im Heilungsprozeß hohe Priorität zu besitzen.

Die heilende Kraft des Klangs

Die tibetische Medizin kennt die heilende Kraft von Klängen und die Bedeutung unterschiedlicher Frequenzen. Sie benutzt Klänge, um Chakras zu klären. Dr. Richard Gerber betrachtet das Chakrasystem als Schnittstelle zwischen den feinstofflichen Energiekörpern und dem grobstofflichen Körper.

Das Fließen der Spiralenergie über dem Kopf

Die tibetischen Mönche nutzen dies, um Überreizungszustände zu beruhigen und die Lebensenergie zu verbessern.

Die rotierenden Wirbel

Die Tibeter beschreiben sieben magnetische Zentren, die sich in einem vitalen, gesunden Körper mit großer Geschwindigkeit drehen, deren Verlangsamung jedoch der Grund für Alterung, schlechte Gesundheit und Senilität ist.

2 Der Energiefluß der „Achten"

Diese Energie wirbelt in „Achter-Formen“ sowohl um als auch durch den Körper hindurch. Diese Bahnen haben nicht wie die Meridiane Akupunkturpunkte, und sie werden auch nicht wie die Energiewirbel im Nervenplexus oder in den Chakren beschrieben.
Wenn die Energiebahnen der „Achten“ gestört werden, haben Sie

1. das Gefühl, erschöpft, abwesend, verwirrt, „aus der Mitte“ zu sein.
2. körperliche Anzeichen, wie Schwerfälligkeit, Lernstörungen, vermindertes Seh- und Hörvermögen, unspezifische Schmerzen, Gelenkschwellungen.

Wenn die Energie in den „Achten“ frei strömen kann, kommt es zu

1. Linderung von Schmerzen,
2. Schwellungen gehen zurück,
3. betroffenen Gelenke werden beweglicher,
4. Hautflecken und Narben können verblassen,
5. Organfunktionen und Flexibilität erhöhen sich,
6. Aufmerksamkeit und Zentrierung nehmen zu,
7. Sie haben einfach mehr Energie und Vitalität.

Es scheint achtzehn Hauptmuster zu geben:

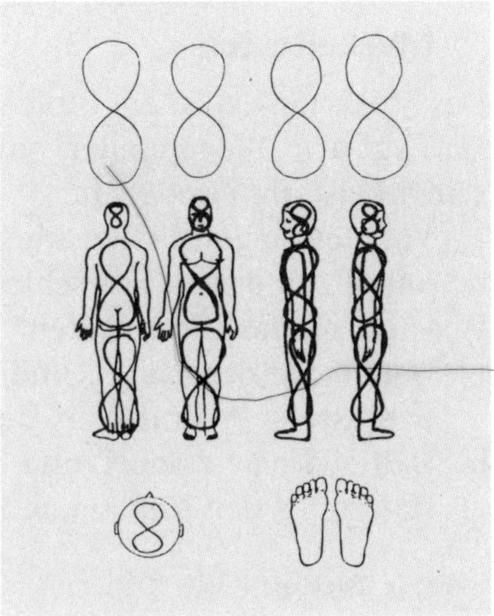

1. vier große Achten: vorn, hinten und an beiden Seiten;
2. zwölf kleinere Achten: je drei vorn, hinten und an beiden Seiten;
3. zwei kleine Achten: oben auf dem Kopf und an den Fußsohlen.

Das Erkennen von Störungen in den „Achten"

Wie können wir Störungen in einer Energie, die wir weder sehen noch mit Instrumenten messen können, identifizieren und testen? Der Muskeltest liefert die Antwort.

Störungen der Körperenergie können durch Muskeltesten einwandfrei erkannt werden. Sie können auftreten als:

1. chemischer Streß – bedingt durch Nahrungsmittel oder durch die Umwelt.
2. struktureller Streß – bedingt durch die Art, wie wir mit unserem Körper umgehen.
3. psychologischer Streß – bedingt durch die Art, wie wir denken und fühlen.

Das Muskeltesten zeigt auch Imbalancen im elektrischen System des Körpers an. Die tibetische Energie der Achten wird als elektrische Energie betrachtet, so daß wir auf Imbalancen muskeltesten können.

Muskeltesten

Das Muskeltesten ist ein Biofeedback-Mechanismus, der uns Zugriff auf den „Biocomputer" sowie die Bewertung und Anhebung seiner Leistung ermöglicht.

Vor dem eigentlichen Muskeltest steigern wir das Körperbewußtsein, indem wir verschiedene Akupunkturpunkte berühren. Wir nennen das „Einschalten" *(switching on)*.

a) Halten Sie den Nabel, und reiben Sie auf beiden Seiten des Schlüsselbein-Brustbein-Gelenks.
b) Halten Sie den Nabel, und reiben Sie Ober- und Unterlippe.
c) Halten Sie den Nabel, und reiben Sie das Steißbein.

Das Testen

1. Bitten Sie die Testperson, beide Arme im 45°-Winkel nach vorn ausgestreckt zu halten.
2. Pressen Sie mit ganz sanftem Druck auf beide Handgelenke, um die Arme nach hinten unten zu drücken.

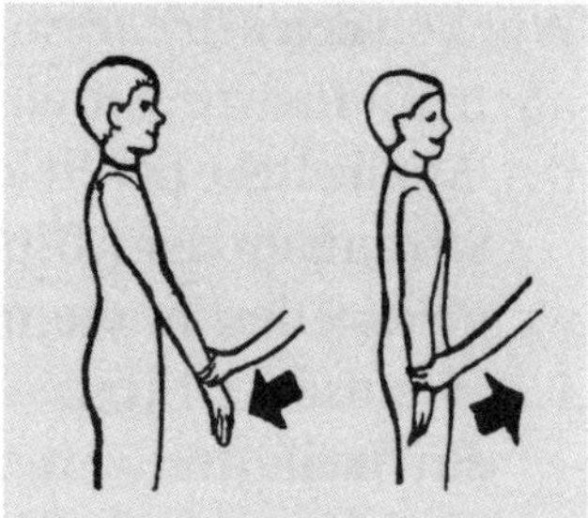

3. Wiederholen Sie dies bei seitlich angelegten Armen mit sanfter Zugrichtung nach vorn oben. Drücken Sie nicht stärker als mit etwa 1 Kilogramm Gewicht. Halten Sie den Druck zwei Sekunden lang oder kürzer (nur so lange, bis Sie merken, ob der Muskel sperrt oder nachgibt). Wenn der Arm entriegelt, bewegen Sie ihn nicht mehr als etwa 5 cm.
4. Der Arm wird entweder „sperren" = fest bleiben (wie eine Bremse) oder „entriegeln" = nachgeben (wie eine Kupplung).
5. Entriegelt er auf Druck nach hinten oder Zug nach vorn, lassen Sie die Testperson

a) eine Hand auf den „Weichpunkt" (vordere Fontanelle) des Kopfes halten und

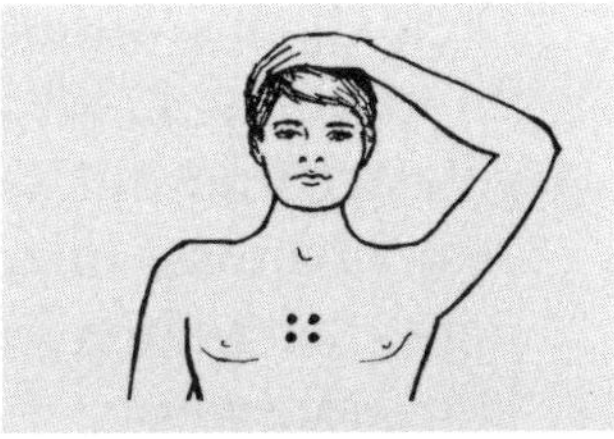

b) die Zwischenräume der Rippen zwischen den Brüsten neben dem Brustbein reiben (Abbildung rechts oben).

6. Nun „schalten" Sie den Muskel manuell „ab". Schieben Sie die Muskeln in der Mitte zusammen (Abbildung rechts mitte). Sie sollten nun beide von vorn und von hinten „entriegeln", wenn beide Arme gleichzeitig getestet werden. (Wenn nicht, lesen Sie die zusätzlichen Erläuterungen auf der nächsten Seite.)

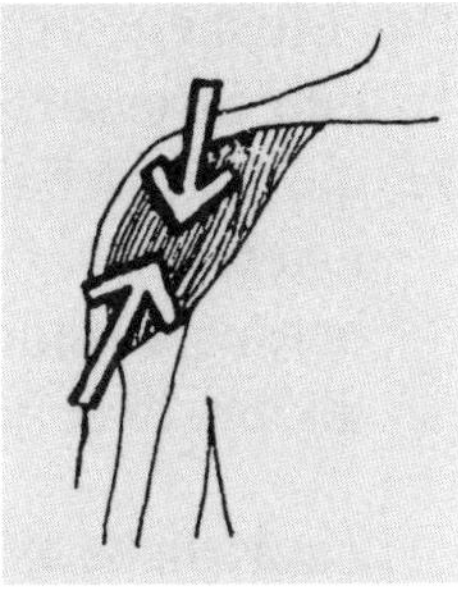

7. Schalten Sie nun die Muskeln wieder an, indem Sie sie in der Mitte auseinanderziehen (Abbildung rechts unten).

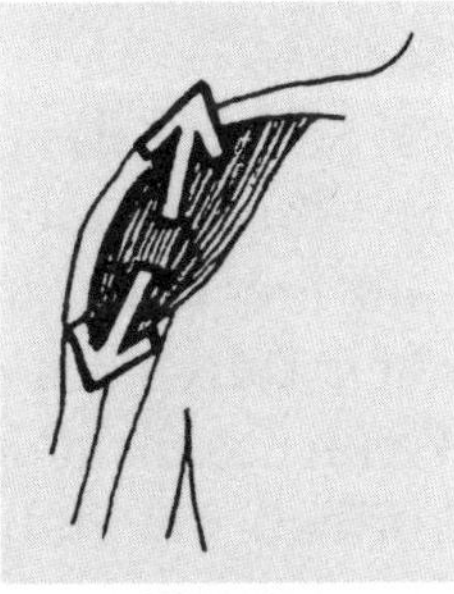

8. „Schalten" Sie jetzt die Muskeln durch Streß „ab". Lassen Sie die Testperson an etwas Peinliches oder Schreckliches denken, und testen Sie dann. Die Muskeln sollten entriegeln. (Dies ist die normale Streßreaktion.)
9. Wenn sie bei Testpunkt 8 nicht entriegeln, lassen Sie die Person ein paar tiefe Atemzüge machen, und wiederholen Sie den Test. (Entriegeln sie wieder nicht, lesen Sie die zusätzlichen Erläuterungen auf der nächsten Seite.)
10. Lassen Sie die Testperson an etwas Angenehmes denken, und testen Sie wieder. Die Muskeln sollten halten. Sie sind nun so weit, daß Sie einen dieser Muskeln als Indikatormuskel verwenden können. Wir nennen das, was wir gerade gemacht haben, „Überprüfen auf einen klaren Muskelfunktionskreis". Diese Methode wurde aus *One Brain* von Gordon Stokes, dem

ehemaligen *National Training Director* der *TfH-Foundation,* übernommen. Wenn der Funktionskreis nicht auf Klarheit getestet und auf diese Weise korrigiert worden ist, sind die Testergebnisse unzuverlässig. In TfH- und in anderen Kinesiologie-Seminaren erfahren Sie mehr über Muskeln und ihre Funktionsweise.

Das Muskeltesten kann uns helfen

1. den Stressor, der uns beunruhigt, herauszufinden.
2. die Energiebahnen des Körpers, die unter Streß stehen, zu lokalisieren.
3. herauszufinden, ob unsere Streßabbautechnik erfolgreich war.
4. die positive Veränderung zu verankern.

Zusätzliche Erläuterungen zu den Schritten 6 und 8

Schritt 6

Bei Schritt 6 des obigen Prozesses aktiviert das Zusammendrücken des Muskelbauches spezielle Zellen. Ihre Aufgabe ist es, Länge und Frequenz der Längenveränderung im Muskels zu überwachen. Durch das Zusammendrücken wird der Muskel geschwächt. Wenn das nicht der Fall ist, so bedeutet das, daß sich die Testperson kortikal (mental) über einen normalen physiologischen Prozeß hinwegsetzt.

Schritte 6 und 8

Personen, die sich bei Schritt 6 kortikal (mental) überanstrengen, werden wahrscheinlich auch die normale Streßreaktion bei Schritt 8 blockieren. Sie sind vielleicht nicht gut in Kontakt mit ihrem Körper oder, was wahrscheinlicher ist, sie sind in einer Lebenssituation, in der sie es sich nicht leisten können, sich zu entspannen, loszulassen oder schwach zu werden, auch nicht für einen Augenblick. Ein Beispiel ist eine Mutter von drei Kleinkindern oder ein „Schichtmeister" an einer Produktionsstraße.

Wie man mentale Überanstrengung auflöst
Lassen Sie die Testperson tief atmen, sie soll ihre Schultern fallenlassen und sich entspannen und das sichere Gefühl haben, daß sie, egal welche Streßreaktion der Muskeltest aufdeckt, in sich die Fähigkeiten hat, kreativ damit umzugehen. Sie ist nun bereit, mit den Schritten 6 oder 8 weiterzumachen.

Testen auf Störungen der „Achten"

Der Gesamttest der „Acht" *(the fuzzy glove test)*

Er heißt „Flockiger-Handschuh-Test", weil er sich die Tatsache zunutze macht, daß die Aura, die die Hand umgibt, genau wie ein „flockiger Handschuh" aussieht.

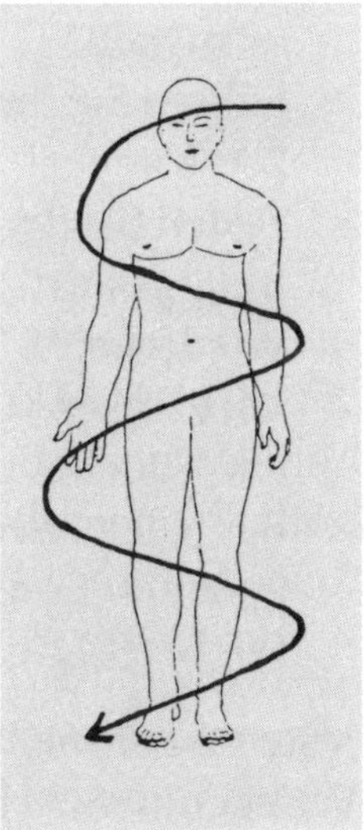

1. Bewegen Sie Ihre Hand mehrmals von links nach rechts, während Sie sie langsam gerade eben über dem Körper und den Beinen nach unten und wieder zurück bewegen.
2. Testen Sie den Indikatormuskel (IM).
   IM entriegelt = größere Störung der Achten. Manche Menschen fühlen sich wie „weggetreten" bis die vier großen Achten korrigiert sind.
   IM sperrt = keine größere Störung der Achten; es können jedoch noch kleinere Störungen vorhanden sein.

1. Testen der vier großen „Achten"

Hier testen wir vorn, hinten und beide Körperseiten. Alle Tests werden gemacht, während die Hand des Testers eine diagonale Linie beschreibt.

A. Testen der Vorderseite des Körpers

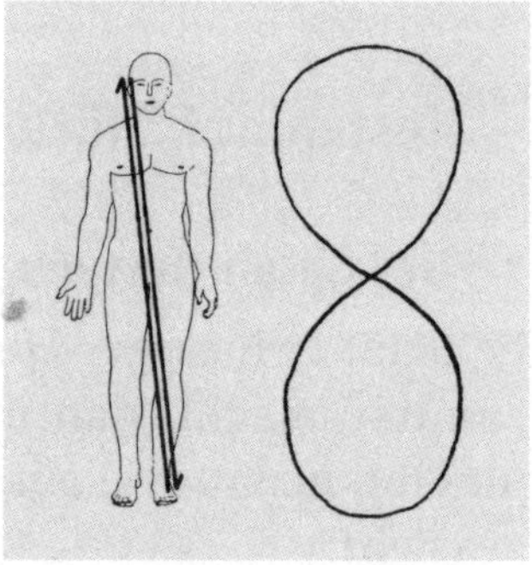

1. Führen Sie Ihre Hand vom rechten Ohr bis zum linken Knöchel der Testperson.
2. Testen Sie den Indikatormuskel (IM). IM entriegelt = Fluß der Acht in dieser Richtung gestört. IM sperrt = weitersuchen.
3. Führen Sie Ihre Hand zurück vom linken Knöchel zum rechten Ohr.
4. Testen Sie den IM. IM entriegelt = Fluß der Acht in dieser Richtung gestört. IM sperrt = weitersuchen.
5. Wiederholen Sie dies auf den gegenüberliegenden Diagonalen. Vom linken Ohr zum rechten Knöchel, testen, dann vom rechten Knöchel zum linken Ohr.
6. Bei jeder Energiestörung gibt es auch eine emotionale Komponente. Ermitteln Sie die an der Störung beteiligte Emotion. Die beteiligte Emotion zeigt beim IM-Test eine Streßreaktion.

Testen Sie die folgende Liste der Emotionen

Verlegenheit, Achtung;
Scham, Unterstützung;
Freude, Liebe, Haß;
Mitleid, Einfühlung;
Kummer, Schuld, Bedauern;
Angst, Furcht;
Zorn, Wut.

Korrekturübung für die Vorderseite des Körpers

1. Verursacht eine Richtung die Entriegelung des IM, beginnen Sie in der entgegengesetzten stärkenden Richtung. Beschreiben Sie das Muster der Achten mehrmals auf der Vorderseite des Körpers.
2. Testen Sie erneut, indem Sie Ihre Hand in der Streßrichtung führen. Der IM wird jetzt sperren.
3. Testen Sie die Emotion nach. Der IM wird jetzt dabei sperren und auch die Freigabe der gespeicherten Emotion anzeigen.

B. Testen der Rückseite des Körpers

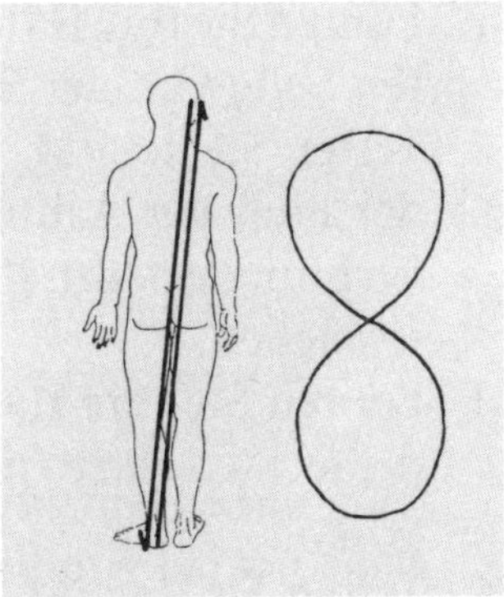

1. Führen Sie Ihre Hand vom rechten Ohr zur linken Ferse der Testperson.
2. Testen Sie den IM. IM entriegelt = Fluß der Achten in dieser Richtung gestört. IM sperrt = weitersuchen.
3. Führen Sie Ihre Hand zurück von der linken Ferse zum rechten Ohr.
4. Testen Sie den IM. IM entriegelt = Fluß der Achten in dieser Richtung gestört. IM sperrt = weitersuchen.
5. Wiederholen Sie dies auf den entgegengesetzten Diagonalen.
6. Ermitteln Sie die an der Störung beteiligte Emotion. Die beteiligte Emotion zeigt beim IM-Test eine Streßreaktion.

Testen Sie die folgende Liste der Emotionen

Verlegenheit, Achtung;
Scham, Unterstützung;
Freude, Liebe, Haß;
Mitleid, Einfühlung;
Kummer, Schuld, Bedauern;
Angst, Furcht;
Zorn, Wut.

Korrekturübung für die Rückseite des Körpers

1. Verursacht eine Richtung die Entriegelung des IM, beginnen Sie in der entgegengesetzten stärkenden Richtung. Beschreiben Sie das Muster der Achten mehrmals auf der Rückseite des Körpers.
2. Testen Sie erneut, indem Sie Ihre Hand in der Streßrichtung führen. Der IM wird jetzt sperren.
3. Testen Sie die Emotion nach. Der IM wird jetzt sperren und auch die Freigabe der gespeicherten Emotion anzeigen.

C. Testen der Körperseiten

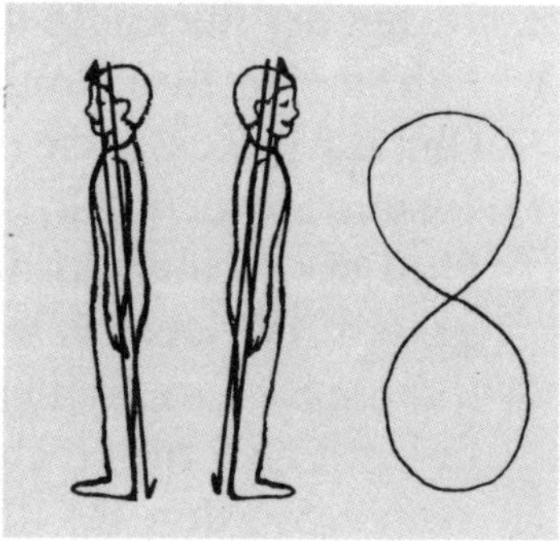

1. Führen Sie Ihre Hand auf der rechten Seite von der Stirn zur Ferse.
2. Testen Sie den IM. IM entriegelt = der Fluß der Achten ist in dieser Richtung gestört. IM sperrt = weitersuchen.
3. Führen Sie Ihre Hand zurück von der rechten Ferse zur rechten Stirnseite.
4. Testen Sie den IM. IM entriegelt = der Fluß der Achten ist in dieser Richtung gestört. IM sperrt = weitersuchen.
5. Führen Sie nun dasselbe vom rechten Hinterkopf zu den rechten Zehen und umgekehrt aus.
6. Ermitteln Sie die an der Störung beteiligte Emotion. Die beteiligte Emotion zeigt beim IM-Test eine Streßreaktion.

Testen Sie die folgende Liste der Emotionen

Verlegenheit, Achtung;
Scham, Unterstützung;
Freude, Liebe, Haß;
Mitleid, Einfühlung;
Kummer, Schuld, Bedauern;
Angst, Furcht;
Zorn, Wut.

7. Korrigieren Sie jede Störung auf der rechten Seite, dann testen und korrigieren Sie die linke Körperseite.

Korrekturübung für die Körperseiten

1. Verursacht eine Richtung die Entriegelung des IM, beginnen Sie in der entgegengesetzten stärkenden Richtung. Beschreiben Sie das Muster der Achten mehrmals auf der betreffenden Körperseite.
2. Testen Sie erneut, indem Sie Ihre Hand in Streßrichtung führen. Der IM wird jetzt sperren.
3. Testen Sie die Emotion nach. Der IM wird jetzt dabei sperren und auch die Freigabe der gespeicherten Emotion anzeigen.

2. Testen der zwölf kleineren „Achten": je drei vorn, hinten und an den beiden Seiten

A. Testen der Vorderseite des Körpers in drei Teilen – Kopf, Rumpf und Beine

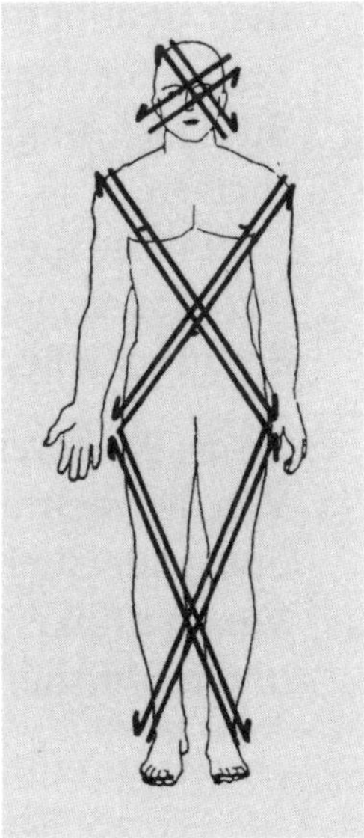

Testen der Gesichtsseite

1. Führen Sie Ihre Hand von der rechten Stirnseite zur linken Kieferseite.
2. Testen Sie den IM. IM entriegelt = der Fluß der Achten ist in dieser Richtung gestört. IM sperrt = weitersuchen.
3. Wiederholen Sie dasselbe von der linken Kieferseite zur rechten Stirnseite.
4. Testen Sie den IM.
   IM entriegelt = der Fluß der Achten ist in dieser Richtung gestört.
   IM sperrt = weitersuchen.

5. Wiederholen Sie dies auf den gegenüberliegenden Diagonalen: von der linken Stirnseite zur rechten Kieferseite und andersherum zurück.
6. An jeder Energiestörung ist stets eine emotionale Komponente beteiligt. Ermitteln Sie die an dieser Störung beteiligte Emotion. Die beteiligte Emotion zeigt beim IM Test eine Streßreaktion.

Testen Sie die folgende Liste der Emotionen

Verlegenheit, Achtung;
Scham, Unterstützung;
Freude, Liebe, Haß;
Mitleid, Einfühlung;
Kummer, Schuld, Bedauern;
Angst, Furcht;
Zorn, Wut.

Korrekturübung

1. Verursacht eine Richtung die Entriegelung des IM, beginnen Sie in der entgegengesetzten, stärkenden Richtung. Beschreiben Sie mehrere Male ein Muster der Achten über dem betroffenen Körperteil.
2. Testen Sie erneut, indem Sie Ihre Hand in Streßrichtung führen. Der IM wird jetzt sperren.
3. Testen Sie die Emotion nach; der IM wird jetzt dabei sperren und auch eine Freigabe der gespeicherten Emotion anzeigen.

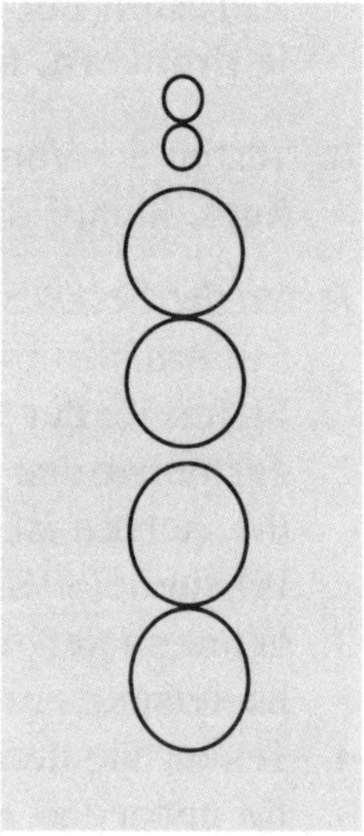

Testen des Rumpfes

1. Von der rechten Schulter zur linken Hüfte und andersherum zurück.
2. Von der linken Schulter zur rechten Hüfte und andersherum zurück.

Testen der Beine

1. Von der rechten Hüfte zum linken Fuß und andersherum zurück.
2. Von der linken Hüfte zum rechten Fuß und andersherum zurück.

Korrekturübung

1. Vergessen Sie nicht, die Emotion aus obiger Liste zu ermitteln.
2. Korrigieren Sie genauso wie für das Gesicht.

B. Testen der Rückseite des Körpers in drei Teilen – Kopf, Rumpf und Beine

Testen der Rückseite des Kopfes

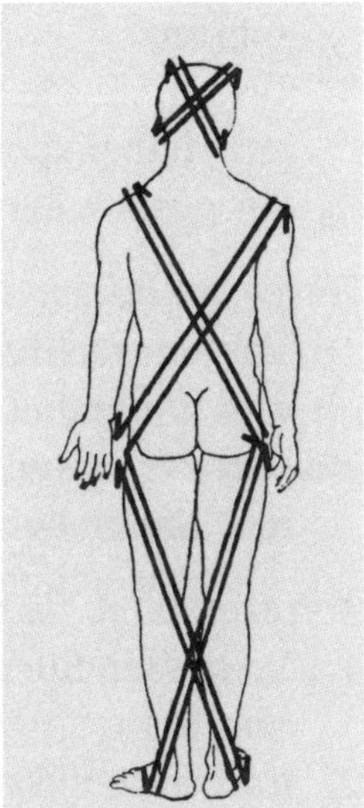

1. Führen Sie Ihre Hand von der rechten oberen Seite zur linken seitlichen Basis.
2. Testen Sie den IM. IM entriegelt = der Fluß der Achten ist in dieser Richtung gestört. IM sperrt = weitersuchen.
3. Wiederholen Sie dies von der linken Seite der Basis zur rechten Seite oben.
4. Testen Sie den IM. IM entriegelt = der Fluß der Achten ist in dieser Richtung gestört. IM sperrt = weitersuchen.
5. Wiederholen Sie dies an den gegenüberliegenden Diagonalen: Von der linken Seite oben zur rechten Basis, testen Sie, und gehen Sie andersherum zurück.
6. An jeder Energiestörung ist immer eine emotionale Komponente beteiligt. Ermitteln Sie die an der Störung beteiligte Komponente. Die beteiligte Emotion zeigt beim IM Test eine Streßreaktion.

Testen Sie die folgende Liste der Emotionen

Verlegenheit, Achtung;
Scham, Unterstützung;
Freude, Liebe, Haß;
Mitleid, Einfühlung;
Kummer, Schuld, Bedauern;
Angst, Furcht;
Zorn, Wut.

Korrekturübung

1. Verursacht eine Richtung die Entriegelung des IM, beginnen Sie in der entgegengesetzten stärkenden Richtung. Beschreiben Sie mehrmals ein Achtermuster über dem beteiligten Körperteil.
2. Testen Sie erneut, indem Sie Ihre Hand in Streßrichtung führen. Der IM wird jetzt sperren.
3. Testen Sie die Emotion nach. Der IM wird jetzt dabei sperren und auch die Freigabe der gespeicherten Emotion anzeigen.

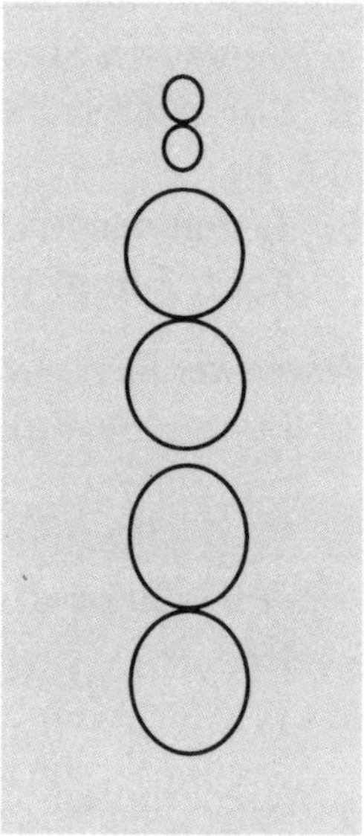

Testen der Rückseite des Rumpfes

1. Von der rechten Schulter zur linken Hüfte und andersherum zurück.
2. Von der linken Schulter zur rechten Hüfte und andersherum zurück.

Korrekurübung für die Rückseite des Rumpfes

1. Vergessen Sie nicht, die Emotion mit Hilfe der obigen Liste zu ermitteln.
2. Korrigieren Sie die Rückseite des Rumpfes und den Kopf.

Testen der Rückseite der Beine

1. Von der rechten Hüfte zur linken Ferse und andersherum zurück.
2. Von der linken Hüfte zur rechten Ferse und andersherum zurück.

Korrekturübung für die Rückseite der Beine

1. Vergessen Sie nicht, die Emotion mit Hilfe der obigen Liste zu ermitteln.
2. Korrigieren Sie die Rückseite der Hände wie den Kopf.

C. Testen beider Körperseiten in drei Teilen – Kopf, Rumpf und Beine

Testen der Kopfseite

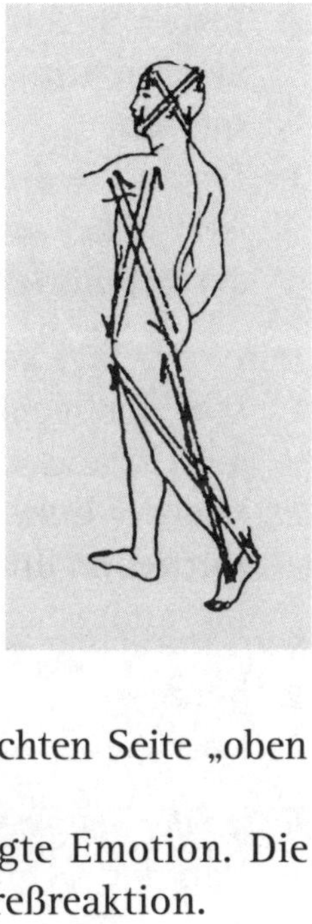

1. Führen Sie Ihre Hand von der rechten Stirnseite zur rechten Seite des Hinterkopfes.
2. Testen Sie den IM. IM entriegelt = der Fluß der Achten ist in dieser Richtung gestört. IM sperrt = weitersuchen.
3. Wiederholen Sie dasselbe von der rechten Seite des Hinterkopfes zur rechten Stirnseite.
4. Testen Sie den IM. IM entriegelt = der Fluß der Achten ist in dieser Richtung gestört. IM sperrt = weitersuchen.
5. Wiederholen Sie dies für die gegenüberliegenden Diagonalen: Von der rechten Seite „oben hinten" zur rechten Kinnseite und testen Sie. Von der rechten Kinnseite zur rechten Seite „oben hinten" und testen Sie.
6. Ermitteln Sie die an dieser Störung beteiligte Emotion. Die beteiligte Emotion zeigt im IM-Test eine Streßreaktion.

Testen Sie die folgende Liste der Emotionen

Verlegenheit, Achtung;
Scham, Unterstützung;
Freude, Liebe, Haß;
Mitleid, Einfühlung;
Kummer, Schuld, Bedauern;
Angst, Furcht;
Zorn, Wut.

7. Korrigieren Sie jede Störung auf der rechten Seite, dann testen, und korrigieren Sie die linke Körperseite.

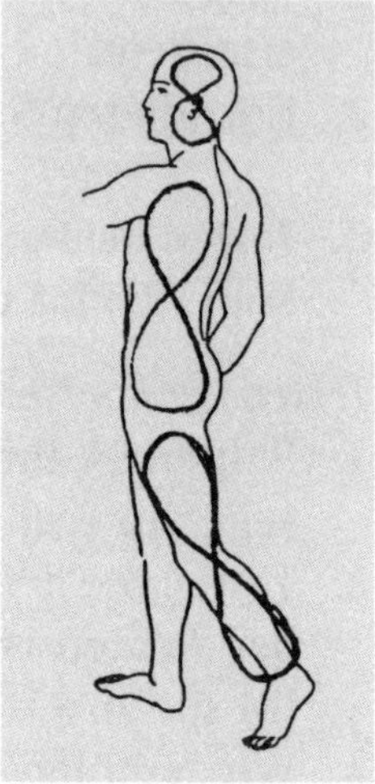

Korrekturübung

1. Verursacht eine Richtung die Entriegelung des IM, beginnen Sie in der entgegengesetzten, stärkenden Richtung. Beschreiben Sie mehrmals Achterformen über dem beteiligten Körperteil.
2. Testen Sie erneut, indem Sie Ihre Hand in Streßrichtung führen. Der IM wird jetzt sperren.
3. Testen Sie die Emotion nach. Der IM wird jetzt dabei sperren und auch die Freigabe der beteiligten Emotion anzeigen.

Testen der Seite des Rumpfes

1. Von der rechten Schultervorderseite zur rechten Hinterseite der Hüfte und andersherum zurück.
2. Von der linken Schultervorderseite zur linken Hinterseite der Hüfte und andersherum zurück.

Korrekturübung für die Seite des Rumpfes

1. Vergessen Sie nicht, die Emotion aus obiger Liste zu ermitteln.
2. Korrigieren Sie die Seite des Rumpfes und den Kopf.

Testen der Seite der Beine

1. Von der rechten Vorderseite der Hüfte zur rechten Ferse und andersherum zurück.
2. Von der linken Vorderseite der Hüfte zur linken Ferse und andersherum zurück.

Korrekturübung für die Seite der Beine

1. Vergessen Sie nicht, die Emotion aus obiger Liste zu ermitteln.
2. Korrigieren Sie die Seite der Beine wie den Kopf.

3. Testen der beiden kleinen „Achten" auf dem Kopf und an den Fußsohlen

A. Testen auf dem Kopf

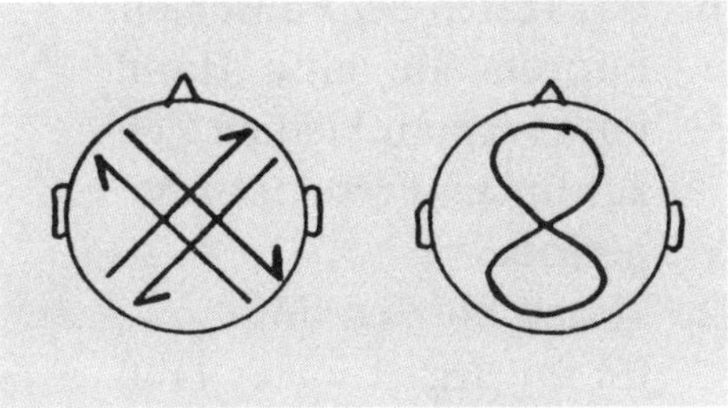

1. Führen Sie Ihre Hand vom rechten Haaransatz nach links „oben hinten".
2. Testen Sie den IM. IM entriegelt = der Fluß dieser Achten ist gestört. IM sperrt = nicht dieser, suchen Sie also weiter.
3. Führen Sie Ihre Hand von links „oben hinten" zum rechten Haaransatz.
4. Testen Sie den IM. IM entriegelt = der Fluß dieser Achten ist gestört. IM sperrt = keine Störung, suchen Sie also weiter.
5. Wiederholen Sie dies auf den gegenüberliegenden Diagonalen. Von links vorn nach rechts hinten, testen und von rechts hinten nach links vorne.
6. Ermitteln Sie die an dieser Störung beteiligte Emotion. Die beteiligte Emotion zeigt im IM-Test eine Streßreaktion.

Testen Sie die folgende Liste der Emotionen

Verlegenheit, Achtung;
Scham, Unterstützung;
Freude, Liebe, Haß;
Mitleid, Einfühlung;
Kummer, Schuld, Bedauern;
Angst, Furcht;
Zorn, Wut.

Korrekturübung

1. Verursacht eine Richtung die Entriegelung des IM, beginnen Sie in der entgegengesetzten, stärkenden Richtung. Beschreiben Sie mehrere Male Achterformen auf der Oberseite des Kopfes.
2. Testen Sie erneut, indem Sie Ihre Hand in Streßrichtung führen. Der IM wird jetzt sperren.
3. Testen Sie die Emotion nach. Der IM wird jetzt dabei sperren und auch die Freigabe der gespeicherten Emotion anzeigen.

B. Das Testen der Fußsohlen

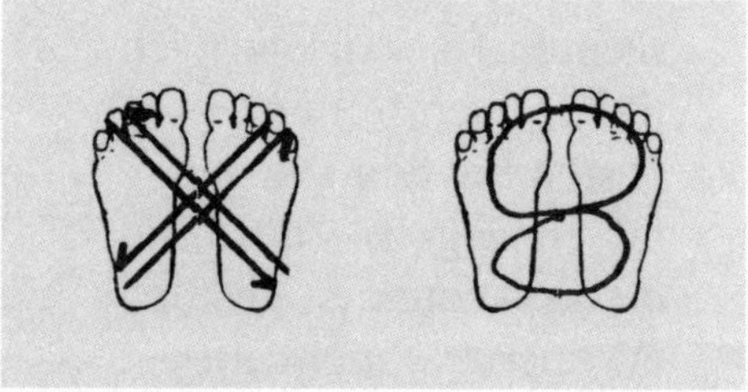

1. Führen Sie eine Hand vom rechten kleinen Zeh zur linken Ferse der Testperson.
2. Testen Sie den IM.
   IM entriegelt = der Fluß dieser Achten ist gestört.
   IM sperrt = keine Störung, also suchen Sie weiter.
3. Führen Sie eine Hand zurück von der linken Ferse zum rechten kleinen Zeh.
4. Testen Sie den IM. IM entriegelt = der Fluß dieser Achten ist gestört. IM sperrt = weitersuchen.
5. Wiederholen Sie dies auf den gegenüberliegenden Diagonalen.
6. Ermitteln Sie die an der Störung beteiligte Emotion. Die beteiligte Emotion zeigt bei IM-Test eine Streßreaktion.

Testen Sie die folgende Liste der Emotionen

Verlegenheit, Achtung;
Scham, Unterstützung;
Freude, Liebe, Haß;
Mitleid, Einfühlung;
Kummer, Schuld, Bedauern;
Angst, Furcht;
Zorn, Wut.

Korrekturübung

1. Verursacht eine Richtung die Entriegelung des IM, beginnen Sie in der entgegengesetzten, stärkenden Richtung. Beschreiben Sie mehrmals die Achterformen vor dem Körper.
2. Testen Sie erneut, indem Sie Ihre Hand in Streßrichtung führen. Der IM wird jetzt sperren.
3. Testen Sie die Emotion nach. Der IM wird jetzt dabei sperren und auch die Freigabe der gespeicherten Emotion anzeigen.

„Achten" an anderen Stellen

Energiestörungen der Achten können an jedem spezifischen Punkt des Körpers gefunden werden, an dem eine Störung vorliegt. Sie können die Funktion vorher testen und zur Beurteilung der Veränderung nachtesten. Zu den besonderen Teststellen gehören:

1. Augen, Ohren, Nase und Mund. Testen Sie hier speziell bei Lernproblemen.
2. Eine oder beide Handflächen oder Fußsohlen. Testen Sie hier speziell bei Koordinationsproblemen.
3. Knie, Ellbogen und jedes andere Gelenk, einschließlich der Wirbelsäule: Testen Sie bei Schmerz, Schwellungen und eingeschränkter Beweglichkeit.
4. Körperflecken, Narben und hervortretende Venen: Es wurden schon drastische Reaktionen auf Korrekturen beobachtet.

Das Testen verschiedener „Ebenen" an besonderen Stellen

An den oben erwähnten Stellen ist es besonders notwendig, die Achten auf verschiedenen „Ebenen“ zu testen. Das ist fast wie das Testen der verschiedenen Gewebeschichten, ohne daß man sie benennen muß.

1. Testen und korrigieren Sie jede Störung auf der Hautebene in der üblichen Weise.
2. Sagen Sie: „Es gibt noch eine andere Ebene, auf der wir arbeiten müssen.“

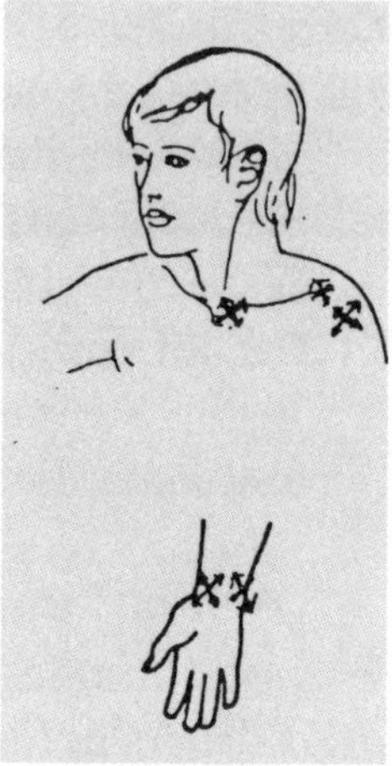

3. Testen Sie den IM. IM sperrt = das ist wahr. IM entriegelt = das ist nicht wahr. Bei „wahr“ sagen Sie:
4. „Auf diese Ebene konzentrieren und mit einem entriegelten IM anzeigen.“
5. Bitten Sie den Muskel, wieder zu sperren.
6. Führen Sie Ihre Hand diagonal über das Gebiet.
7. Testen Sie den IM. IM entriegelt = der Fluß dieser Acht ist gestört. IM sperrt = keine Störung, also weitersuchen.
8. Führen Sie Ihre Hand entgegengesetzt zurück.
9. Testen Sie den IM. IM entriegelt = der Fluß dieser Acht ist gestört. IM sperrt = nicht dieser, also weitersuchen.
10. Wiederholen Sie dies an den gegenüberliegenden Diagonalen.
11. Ermitteln Sie die an der Störung auf dieser Ebene beteiligte Emotion. Sie kann auf jeder Ebene anders sein.

Testen Sie die folgende Liste der Emotionen

Verlegenheit, Achtung;
Scham, Unterstützung;
Freude, Liebe, Haß;
Mitleid, Einfühlung;
Kummer, Schuld, Bedauern;
Angst, Furcht;
Zorn, Wut.

Korrekturübung

1. Verursacht eine Richtung die Entriegelung des IM, beginnen Sie in der entgegengesetzten, stärkenden Richtung. Beschreiben Sie mehrere Male Achterformen über dem beteiligten Gebiet.
2. Testen Sie erneut, indem Sie Ihre Hand in Streßrichtung führen. Der IM wird jetzt sperren.
3. Testen Sie die Emotion nach. Der IM wird jetzt dabei sperren und auch die Freigabe der gespeicherten Emotion anzeigen.

4. Wiederholen Sie diesen Prozeß (beginnen Sie mit Punkt 2 der Testanleitung), bis keine Ebenen mehr zu klären sind.

Anmerkung: Ermitteln Sie immer die beteiligte Emotion. Sie kann auf jeder Ebene anders sein.

„Achten“ als Erste-Hilfe-Maßnahme

Was hier beschrieben wird, soll niemanden davon abhalten, die üblichen Erste-Hilfe-Maßnahmen zu lernen oder im Ernstfall den ärztlichen Notdienst in Anspruch zu nehmen. Unsere Techniken sollen diese Maßnahmen ergänzen und zusätzliche Möglichkeiten eröffnen. Manche Kinesiologieanwender betrachten die hier gezeigten Achten als vergleichbar mit den Notfalltropfen aus den Bach-Blütenessenzen. Notfalltropfen können Sie in Streßsituationen unterstützen, etwa wenn Sie mit gebrochenem Arm auf dem Weg zur Ambulanz sind. Die folgenden Beispiele zeigen, wie Sie betroffenen Menschen mit den Achten in ähnlicher Weise helfen können.

Bei einem Beinbruch:

1. Ergreifen Sie zuerst die üblichen Erste-Hilfe-Maßnahmen und rufen Sie einen Arzt oder bringen Sie den Betroffenen zur Ambulanz. Unterwegs oder in der Wartezeit:
2. Testen und korrigieren Sie mit Achten *über* der verletzten Stelle; es ist nicht nötig, diese Stelle zu *berühren*. (Denken Sie daran, auf verschiedenen Ebenen zu testen.)

Sie werden überrascht sein, wie der Schmerz nachläßt und oft eine Schwellung ausbleibt; dies erleichtert die Situation sowohl für den Betroffenen wie auch für den Arzt.

Bei Bissen oder Stichen:

1. Leisten Sie Erste Hilfe und entfernen Sie den Betroffenen aus der Gefahrenzone.
2. Falls Sie es nicht gesehen haben: Erkundigen Sie sich, welches Tier gebissen oder gestochen hat (um es dem Arzt sagen zu können).
3. Testen und korrigieren Sie mit Achten *über* der verletzten Stelle; es ist nicht nötig, diese Stelle zu *berühren*. (Denken Sie daran, auf verschiedenen Ebenen zu testen.)

Sie werden überrascht sein, wie der Schmerz nachläßt und oft eine Schwellung ausbleibt; dies erleichtert die Situation sowohl für den Betroffenen wie auch für den Arzt.

Bei Schnittwunden, die möglicherweise genäht werden müssen:

1. Leisten Sie Erste Hilfe. Klären Sie, ob der Betroffene einen Verband braucht oder genäht werden muß. Bemühen Sie sich gegebenenfalls um ärztliche Hilfe.
2. Unabhängig davon, ob der Arzt näht oder einen Verband anlegt, können Sie den Heilungsprozeß zusätzlich unterstützen:
3. Testen und korrigieren Sie mit Achten *über* der verletzten Stelle; es ist nicht nötig, diese Stelle zu *berühren*. (Denken Sie daran, auf verschiedenen Ebenen zu testen.)

Sie werden feststellen, daß die Wunde schneller heilt und weniger entzündungsanfällig ist.

Bei Prellungen (durch Tritt oder Sturz):

Treffen Sie ähnliche Maßnahmen wie in den bisherigen Beispielen. Sie werden feststellen, daß Prellungen kaum oder praktisch gar nicht sichtbar werden, daß der Schmerz geringer ist und daß die Muskeln an der betroffenen Stelle weniger steif werden, wenn überhaupt. (Denken Sie daran, auf verschiedenen Ebenen zu testen.)

Ganzkörper-„Achten" bei Lernstörungen

Manche Menschen zeigen Streß beim Muskeltest (IM entriegelt), wenn sie auf eine Zeile ihres eigenen Gedruckten oder Geschriebenen schauen.

Ein Beispiel: „Ich heiße Bruce, und ich lese gern Geschichten über andere Länder und Völker."

Wenn der IM entriegelt, zeigt das Streß bei der Integration des Sehfeldes an. Wir können folgendermaßen darauf testen:

1. Schauen Sie auf die ganze Zeile. Testen Sie den IM.
2. Schauen Sie nur auf das linke Ende der Zeile. (Halten Sie den Kopf gerade. Bewegen Sie nur die Augen.) Testen Sie den IM.
3. Schauen Sie nur auf das rechte Ende der Zeile. (Halten Sie den Kopf gerade. Bewegen Sie nur die Augen.) Testen Sie den IM.
4. Schauen Sie nur auf die Mitte der Zeile. Testen Sie den IM.
5. Entriegelt der IM bei einem der Tests (1-4), so bedeutet das Integrationsstreß.
6. Ermitteln Sie die Emotion, die an dem Test beteiligt ist, der Streß gezeigt hat.

Testen Sie die folgende Liste der Emotionen

Verlegenheit, Achtung;
Scham, Unterstützung;
Freude, Liebe, Haß;
Mitleid, Einfühlung;
Kummer, Schuld, Bedauern;
Angst, Furcht;
Zorn, Wut.

Korrekturübung

1. Malen Sie mit Kreide eine große „Liegende Acht" auf die Tafel. Halten Sie die Kreide zuerst mit einer Hand, dann mit der anderen und schließlich mit beiden Händen. Halten Sie die Augen immer auf Ihre Fingerspitzen gerichtet. Malen Sie immer von der Mitte aus nach oben und außen. Machen Sie es langsam.

Bewegen Sie Ihren ganzen Körper, die Knie beugen sich, wenn Sie zu den Außenseiten der Acht gelangen (Seite 39, obere Abbildung).

2. Malen Sie nun „Liegende Achten" in die Luft, und bewegen Sie dabei den ganzen Körper. Malen Sie zuerst mit einer Hand, dann mit der anderen und schließlich mit beiden Händen (Seite 34, mittlere und untere Abbildung).
3. Malen Sie sie zuerst groß, dann kleiner und dann winzig (mit einem Finger auf die Handflächen).
4. Imaginieren Sie „Liegende Achten", und malen Sie sie mit der Nase.

Überprüfen der Veränderungen

1. Schreiben Sie den Satz noch einmal. Sie werden vielleicht bemerken, daß er sich jetzt flüssiger schreiben läßt und besser aussieht. Möglicherweise sind auch weniger Schreibfehler darin, und er verläuft auf einer geraderen Linie über das Blatt.
2. Wiederholen Sie die vorigen Tests. Der Muskeltest wird keinen Streß mehr zeigen.
3. Testen Sie die Emotion nach. Der IM sperrt jetzt. Dies zeigt an, daß der gespeicherte Streß freigesetzt wurde.
4. Wir empfehlen, die Übungen eine Zeitlang regelmäßig zu Hause zu machen. Ihr Instruktor wird testen, ob das auch für Sie gut wäre. Er schlägt Ihnen vielleicht vor, an einem Kurs zur „Steigerung der Lernfähigkeit", an „One Brain" oder „Edu-K®" teilzunehmen.

Die Übung mit der „Liegenden Acht"

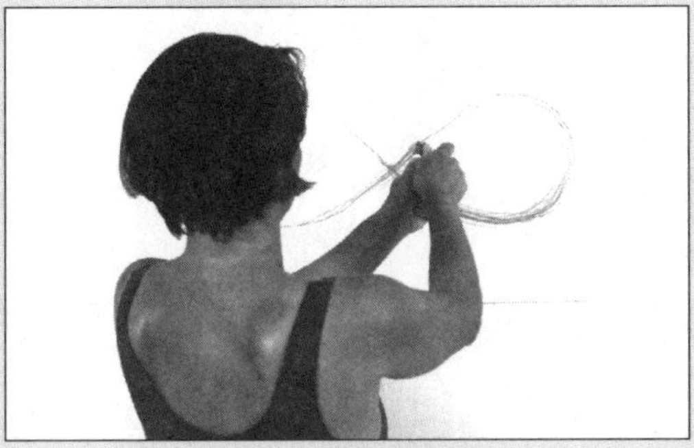

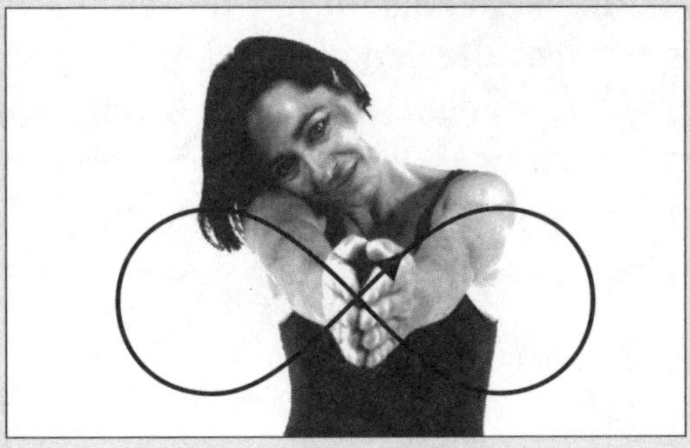

3 Die heilende Wirkung des Klanges

Die Tibeter kennen die machtvolle Wirkung von Klängen auf das Energiesystem des Körpers. (Klang kann auch dazu verwendet werden, Grenzen niederzureißen; die hebräischen Schriften dokumentieren die Zerstörung der Mauern von Jericho durch den Ton einer Posaune.) Nach tibetischer Tradition kann die Funktion der als Chakras bekannten Energiesysteme durch verschiedene Tonhöhen und Klänge verstärkt werden. Eine Normalisierung und Harmonisierung unserer Chakraenergie vermehrt das Energieniveau ganz allgemein und sorgt außerdem für Heilung in besonderen Bereichen. Chakras versteht man am besten als Energiezentren von wirbelartiger Form, die den physischen Körper, die feinstofflichen Körper und die aus dem Universum hereinströmenden Energien miteinander verbinden. (Benutzen Sie ein Instrument oder chromatische Klangstäbe oder Klangschalen, um den richtigen Ton zu erzeugen.)

Kronen-Chakra	Stille	Stille
Stirn-Chakra	Aum	E
Kehl-Chakra	Ah	Fis
Herz-Chakra	Ham	Fis
Nabel-Chakra	Ram	G
Sakral-Chakra	Wam	F
Wurzel-Chakra	Lam	Es

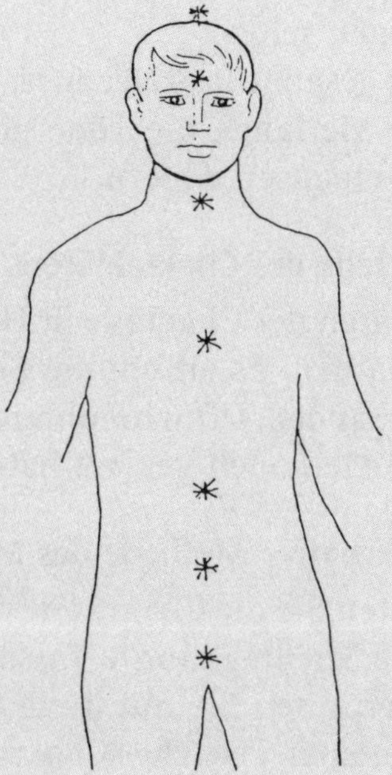

Korrekturübung

1. Jeder Ton wird neunmal gesungen, nach jeder Vokalisation ist ein ganzer Atemzug lang Pause.
   Einatmen – singen
   Einatmen – Stille
   Einatmen – singen

   Wiederholen Sie dies, bis Sie neunmal gesungen haben. Dabei ist es nicht wichtig, beim Grundton zu bleiben. Auch die Tonhöhe kann variieren und tiefer werden, wenn sie weniger zugängliche Teile des Chakras reinigt, und sie wird höher, wenn sich das Chakra klärt.

2. Machen Sie nach jedem Chakra eine volle Minute Pause. Die Stille für das Kronen-Chakra dauert genauso lange wie das Singen selbst.
3. Der gesamte Prozeß dauert 12 bis 30 Minuten und hängt davon ab, wie lange die Töne gehalten werden und wie lange die Atempausen dauern.

Vorteile des Chakraklärens

Das Klären der Chakras mit Hilfe von Tönen erzeugt Bewußtheit und Klarheit. Es erhöht die Energie und schenkt ein Gefühl von Wohlbefinden. Oft wird unterdrückter Streß freigesetzt, nachdem andere Methoden versagt haben.

Alternative Methode des Muskeltestens

1. Testen Sie die Chakras der Reihe nach. Notieren Sie jedes, das eine Streßreaktion verursacht.
2. Überprüfen Sie nur diese Chakras, und fragen Sie den „Biocomputer", welches Chakra die Klärung durch Töne am nötigsten braucht. (Nur bei diesem wird jetzt der IM entriegeln.)
3. Ermitteln Sie die an diesem Problem beteiligte Emotion.
4. Stimmen Sie den Ton an, der dieses Chakra klärt, und überprüfen Sie dann, ob alle Chakras jetzt klar sind.

4 Das Fließen der Spiralenergie über dem Kopf

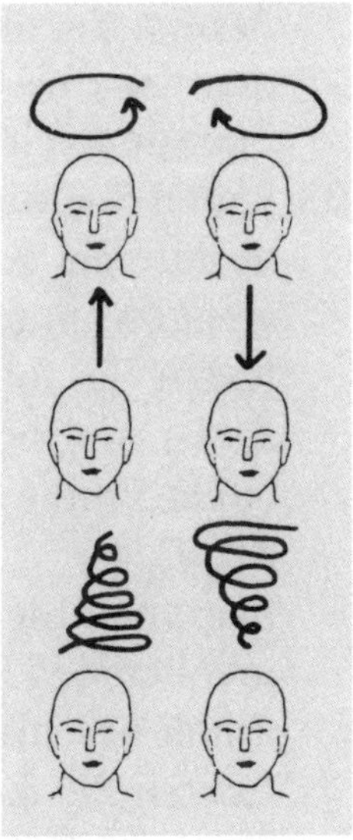

Wie beim Kronen-Chakra gibt es eine weitere Energiespirale über dem Kopf, die ein spiralförmiges Fließmuster hat. Diese Spirale kann man dazu heranziehen, überreizte Zustände durch sorgfältiges Ableiten der überschüssigen Energie zu beruhigen – während des Verfahrens wird getestet. Die tibetischen Mönche waren für die exzessive Anwendung dieser Methode bekannt, um bei einer Invasion ihres Landes der Vernichtung zu entgehen. Sie leiteten ihre gesamte Lebensenergie über die Spirale ab. Ein Schweizer Krankenhaus hat die umgekehrte Spirale dazu benutzt, Patienten auf der Intensivstation zu mehr Lebensenergie zu verhelfen. Wir haben festgestellt, daß bemerkenswerte Funktionsänderungen passieren können. Das Testen des Sehvermögens vor und nach der Korrektur hat manchmal verblüffende Veränderungen ergeben.

Testen der drei Teile der Spirale

1. Beschreiben Sie über dem Kopf einen *Kreis* im Uhrzeigersinn, und testen Sie den IM. Beschreiben Sie über dem Kopf einen Kreis gegen den Uhrzeigersinn, und testen Sie den IM.
   Achten Sie darauf, welche Richtung das Sperren des IM verursacht. Dies ist die Korrekturrichtung. Sperrt der IM bei beiden Tests, ist keine weitere Testung oder Korrektur erforderlich.
2. Beschreiben Sie in dieser Richtung eine *Spirale* vom Kopf aufwärts, und testen Sie den IM. Beschreiben Sie in derselben Richtung eine Spirale aus einer Höhe hinunter zum Kopf, und testen Sie den IM.
   Achten Sie darauf, welche Richtung das Sperren des IM verursacht. Dies ist die Korrekturrichtung. Fast immer werden Sie Energie nach innen bringen.
3. Fügen Sie nun den dritten Faktor hinzu. Ermitteln Sie, ob die Spirale ein Konus mit einer zum Kopf hin- oder vom Kopf weggewandten Spitze ist. Verläuft die Spirale *nach unten,* testen Sie folgendermaßen: Beginnen Sie mit einem großen Kreis, und beschreiben Sie eine Spirale, die allmählich auf einen Punkt über dem Kopf herunterkommt, und testen Sie den IM.
   Beginnen Sie dann an einem Punkt, und vergrößern Sie allmählich den Radius der Kreise, während Sie eine Spirale nach unten beschreiben. Testen Sie den IM.
   Achten Sie darauf, welche Konusstellung das Sperren des IM verursacht. Dies ist die Korrekturstellung.
   Verlief die Spirale *nach oben,* testen Sie folgendermaßen: Beginnen Sie mit einem großen Kreis am Kopf, und beschreiben Sie eine Spirale, die allmählich zu einem Punkt nach oben

verläuft, und testen Sie den IM. Beginnen Sie dann bei einem Punkt am Kopf. Vergrößern Sie allmählich das Ausmaß des Kreises, während Sie eine Spirale nach oben beschrieben. Testen Sie den IM.
Achten Sie darauf, welche Konusstellung das Sperren des IM verursacht. Dies ist die Korrekturstellung.

4. Testen Sie, wieviele Spiralen Sie ausführen müssen. Fragen Sie Ihren „Biocomputer". Arbeiten Sie mit einer „Wahr"- und „Nicht wahr"-Reaktion, wie beim Testen der „Ebenen" an spezifischen Stellen.
IM sperrt = wahr.
IM entriegelt = nicht wahr.
Testen Sie nun: „Die Zahl liegt zwischen 1-5" oder 6-10 oder 11-15 oder 16-20 ... Angenommen 11-15 ist „wahr", dann ermitteln Sie die genaue Anzahl ... 11 oder 12 oder ...
5. Ermitteln Sie die beteiligte Emotion.

Testen Sie die folgende Liste der Emotionen

Verlegenheit, Achtung;
Scham, Unterstützung;
Freude, Liebe, Haß;
Mitgefühl, Einfühlung;
Kummer, Schuld, Bedauern;
Angst, Furcht;
Zorn, Wut.

Korrekturübung

1. Beschreiben Sie die von Ihnen sorgfältig getestete erforderliche Anzahl der Spiralen.
2. Vergewissern Sie sich durch Testen, daß die Emotion nicht mehr streßbeladen ist.
3. Vergewissern Sie sich, daß der IM entweder bei einem Kreis *im* oder einem Kreis *gegen* den Uhrzeigersinn über dem Kopf sperrt.

5 Die rotierenden Energiezentren

Die Tibeter beschreiben sieben Energiezentren (oder -wirbel) im Körper: die Chakras. Es handelt sich um Kraftzentren von der Art elektromagnetischer Felder, in denen die Energie mit hoher Geschwindigkeit rotiert. Bei gesunden Menschen haben diese Energiefelder eine Ausdehnung, die deutlich über den physischen Körper hinausreicht; bei alten, schwachen Menschen erreichen sie kaum irgendwo die Körperoberfläche, außer an den Knien.

Nach Auffassung der tibetischen Medizin ist die Verlangsamung des Rotierens der Energie ein Vorzeichen für gesundheitliche Beschwerden und/oder das Einsetzen des Alterungsprozesses. Nach dieser Lehre muß man die Rotationsgeschwindigkeit der Energie erhöhen, wenn man wieder neue Vitalität erlangen will. Diesbezügliche Übungen wurden, so heißt es, von tibetischen Mönchen in einem entlegenen Kloster gelehrt. Nach unserer ältesten Quelle (Peter Kelder, 1939) wurden sie von einem Colonel namens Bradford in den Westen gebracht; er hatte eine Gruppe tibetischer Priester im Himalaya beobachtet und ihre Methoden praktisch umgesetzt. Kelders ursprüngliches Buch, *The Eye of Revelation*, wurde 1985 von dem amerikanischen Verlag Harbor

Press wieder veröffentlicht, nun unter dem Titel *Ancient Secret of the Fountain of Youth*. Der Herausgeber der neuesten, zweiten Auflage (1989) stellt fest, daß es unmöglich sei, mit Sicherheit zu erkennen, ob Kelders Geschichte von dem Colonel auf Tatsachen beruhe, eine Fiktion sei oder aber eine Mischung aus beidem. Andere Quellen geben Variationen dieser Geschichte wieder. Kelder selbst nannte die Übungen „Five Rites of Rejuvenation“ (wörtlich: fünf Riten der Verjüngung) und brachte sie in Verbindung mit den Energiezentren, die wir hier genauer angeben:

Wo die Energiezentren liegen

In seinem ursprünglichen Buch lokalisiert Kelder die mit den Übungen angesprochenen Chakras wie folgt:

- Zwei liegen im Gehirn (eines im Stirn- und eines im Hinterkopfbereich).
- Eines liegt am Ansatz des Kehlkopfes.
- Eines liegt im Bereich der Leber, in der rechten Körperhälfte.
- Eines liegt im Bereich der Geschlechtsorgane.
- Zwei liegen in den Knien.

Der Herausgeber der 1989 erschienenen Neuauflage von Kelders Buch hat sich „die Freiheit genommen“, die angesprochenen Energiewirbel in Verbindung zu bringen mit den endokrinen Drüsen des menschlichen Körpers und mit den sieben Hauptchakras. Er hat dabei die Energiezentren der Knie aus dem Erklärungszusammenhang der Übungen herausgenommen und die Darstellung der Übungen mit dem heutigen wissenschaftlichen Erkenntnisstand in Einklang gebracht. Ob unsere heutige „wissenschaftlich fundierte“ Erklärung der Wirkungsweise der Übungen auf Dauer Bestand hat, mag offenbleiben. Sicher ist jedenfalls, daß das

Praktizieren der Übungen im Normalfall zu einem gesteigerten Empfinden von Energie und Vitalität führt.

In seinem Buch *The Five Tibetans* nennt und anerkennt Christopher S. Kilham das Buch von Kelder als *die* westliche Quelle für die Übungen. Er folgt ebenfalls der Umdeutung, die die Übungen auf die Hauptchakras bezieht und die Kniechakras ausgliedert. In *unserer* Praxis haben wir es als noch vorteilhafter erfahren, die Übungen in Beziehung zu setzen zum jeweils aktuellen emotionalen Zustand des Übenden anstatt einfach zu den Chakras allgemein.

Kilham lenkt die Aufmerksamkeit auf die Tatsache, daß Kelder in seinem ursprünglichen Buch von 1939 nicht auf die Atmung einging; er fragt sich, ob es denn gleichgültig sei, wie man während der Übungen atme. Die jüngste Ausgabe von Kelders Buch (1989) geht auf das Atmen ein und betont seine Bedeutung. Allerdings fanden wir in den insgesamt fünf verschiedenen uns vorliegenden Quellentexten zu den Übungen keine Übereinstimmung in der Frage, wann man ein- und wann man ausatmen soll. Atmen ist ein sehr wichtiger Bestandteil aller Yogaübungen, und in vieler Hinsicht sind diese Übungen Yogaübungen ähnlich. Man sollte in der einen Übungsphase ein- und in der anderen Phase ausatmen – aber welche Atmung ist denn nun in welcher Phase richtig?

Der Beitrag der Kinesiologie

Wir benutzten das Muskeltesten mit klarem Funktionskreis, um für jede Phase einer Übung die optimale Atmung herauszufinden. Als Ergebnis unserer Testreihen empfehlen wir: Einatmen, wenn Muskeln ausgedehnt oder entspannt werden; Ausatmen, wenn Muskeln zusammengezogen oder angespannt werden.

Diese Zuordnung stellte sich für uns beim Testen als die beste heraus; Sie können natürlich auch selbst erkunden, welcher Atemrhythmus für Sie der beste ist. Wir empfehlen Ihnen allerdings, unseren Atemrhythmus zumindest so lange anzuwenden, bis Sie die Ausführung jeder Übung gut beherrschen. Danach können Sie dann testen, welcher Atemrhythmus bei Ihnen am besten wirkt. Die Anleitung dazu finden Sie im Anschluß an unsere Beschreibung der fünf Übungen. Dort gehen wir dann auch noch auf eine emotionale Komponente für jede Übung ein; wir erlebten diese als wertvolle Ergänzung.

Nur wenige Minuten täglich

Es geht also um fünf Übungen, von denen die Tibeter glauben, daß sie uns innerhalb von drei Monaten deutlich mehr Vitalität bringen, wenn wir sie nur fünf bis zehn Minuten täglich ausführen. Wer sich für regelmäßiges Üben entscheidet, sollte zu Beginn jede Übung täglich nur dreimal hintereinander machen und die Anzahl der Wiederholungen langsam, aber stetig steigern, bis er sie schließlich einundzwanzigmal hintereinander macht.

Bitte beachten, bevor Sie starten:

1. Wie bei allen anderen Übungsprogrammen gilt: **Überdehnen und überanstrengen Sie sich nicht!** Diese Übungen wurden vor Tausenden von Jahren für ältere Menschen entwickelt. Es ist nicht notwendig, sie auf die „aggressive“, leistungsorientierte Art auszuführen, in der viele westliche Menschen sonst an körperliche Übungen herangehen. Es geht nicht um Wettbewerb mit irgend jemandem. Falls Sie irgendwelche Bedenken gegenüber diesen Übungen haben, sprechen Sie lieber mit Ihrem Arzt darüber, bevor Sie anfangen.

2. Lassen Sie sich *mindestens* vier Wochen Zeit, um die Anzahl der Wiederholungen von drei auf einundzwanzig (pro Tag) zu steigern.
3. Machen Sie es sich nach Möglichkeit zur Gewohnheit, die Übungen täglich um die gleiche Zeit auszuführen.
4. Denken Sie daran: Das Atmen ist ein wichtiger Bestandteil dieser Übungen:
   - Einatmen, wenn Muskeln ausgedehnt oder entspannt werden;
   - Ausatmen, wenn Muskeln zusammengezogen oder angespannt werden
   - Zwischen den verschiedenen Übungen pausieren für die Dauer von zwei vollen Atemzügen

   Französische und deutsche Übungsanleitungen verschiedener Autoren geben Atemrhythmen an, die sich von dem unsrigen unterscheiden. Kelder und Kilham empfehlen Einatmung beim Anheben des Körpers in den Übungen 4 und 5 – bei anderen Übungen unterscheiden sie sich. Sobald Sie die Übungen gut beherrschen, können Sie selbst mit Muskeltesten herausfinden, welcher Atemrhythmus *Sie persönlich* am meisten stärkt. (Vgl. Seite 54)
5. Nehmen Sie sich täglich fünf bis zehn Minuten Zeit, um die Übungen zu machen – immer in der angegebenen Reihenfolge.
6. Wenn Sie Ihr Bestes tun, so ist das gut genug! Falls Sie eine Übung nicht von Anfang an perfekt ausführen können, so geben Sie nicht auf! Versuchen Sie Ihr Bestes – mit zunehmender Vitalität werden Sie sie meistern.
7. Wenn Sie die Übungen beherrschen und vielleicht auch Ihr eigenes optimales Atemmuster herausgefunden haben, dann nehmen Sie die emotionalen Komponenten hinzu, indem Sie die Wandkarte „Emotionen der Fünf Elemente“ einsetzen. (Vgl. Seite 55)

8. Wir wiederholen: Falls Sie irgendwelche Bedenken gegenüber diesen Übungen haben, sprechen Sie lieber mit Ihrem Arzt darüber, bevor Sie anfangen.

Energieübung 1: Die Drehung

1. Stehen Sie aufrecht mit auf Schulterhöhe ausgestreckten Armen.
2. Drehen Sie sich im Uhrzeigersinn (nach rechts), bis Sie leicht schwindlig werden. Gehen Sie nicht über den Punkt des leichten Schwindels hinaus. Zu Beginn gelingen Ihnen vielleicht nur drei oder vier Umdrehungen.
3. Atmen Sie auf der Vorderseite der Drehung ein und auf der Rückseite der Drehung aus.

Diese Übung erhöht die Geschwindigkeit aller genannten Energiewirbel; übertreibt man sie, so erschöpft das die Wirbel in den Knien. Wir empfehlen maximal 12 Umdrehungen.

Energieübung 2: Oberschenkel und Kinn

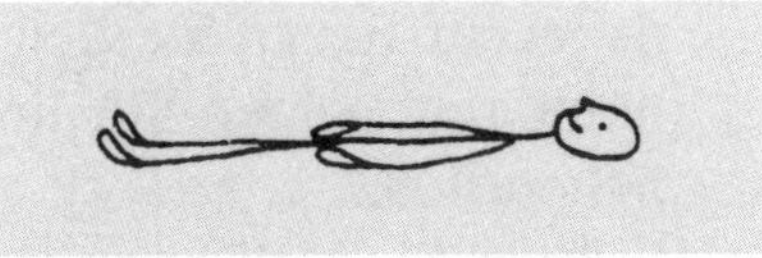

1. Legen Sie sich flach mit dem Rücken auf den Boden (auf eine warme Unterlage) oder auf ein hartes Bett. Der Rücken darf nicht kalt sein. Plazieren Sie die Hände in Höhe der Hüften. Die Finger liegen aneinander, und die Spitzen zeigen leicht nach innen. Atmen Sie ein.
2. Heben Sie gleichzeitig Kopf und Beine an, bis die Beine – mit gestreckten Knien – senkrecht stehen oder leicht nach hinten über den Körper gehen. Atmen Sie beim Anheben aus. Halten

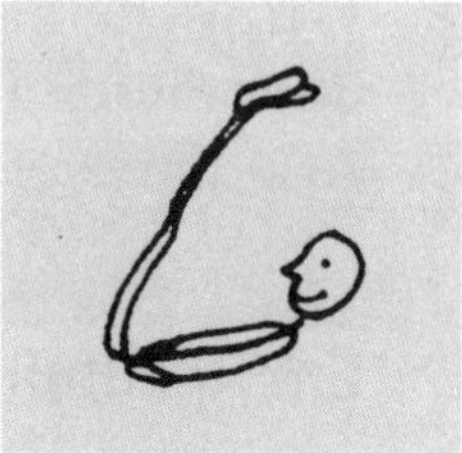

Sie die Knie gestreckt. Wenn Sie das nicht gleich können, heben Sie zunächst nur die Oberschenkel (mit abgewinkelten Unterschenkeln), bis sie senkrecht stehen. Sie werden sehen: Innerhalb von drei Monaten sind Sie mit der Übung vertraut. (Heute raten viele Fachleute von dieser Übung ab, da sie die Belastung der unteren Wirbelsäule fürchten.)

3. Senken Sie langsam Kopf und Beine, und atmen Sie dabei ein.

Energieübung 3: Nacken und Rücken

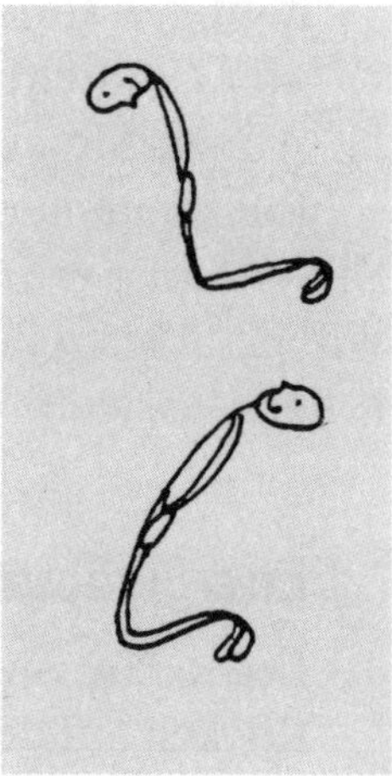

1. Knien Sie sich aufrecht hin, mit aufgestellten Zehen; Hände an die Seite der Oberschenkel in Richtung Rücken. Lehnen Sie sich soweit wie möglich nach vorn, ohne sich zu beugen. Behalten Sie Ihre aufrechte Position bei. Der Kopf ist nach vorn geneigt, das Kinn liegt auf der Brust. Atmen Sie aus.
2. Lehnen Sie sich soweit wie möglich zurück (ohne ins Hohlkreuz zu gehen). Sie behalten die aufrechte Position bei. Atmen Sie dabei ein. Heben Sie gleichzeitig Ihren Kopf hoch, und neigen Sie ihn soweit wie möglich zurück.
3. Lehnen Sie sich nach vorn in die Ausgangsstellung. Atmen Sie dabei aus.

Energieübung 4: Den Körper anheben

Lassen Sie sich nicht entmutigen, wenn Sie mehr als vier Wochen brauchen, um diese Übung korrekt zu machen. Viele Menschen können anfangs ihren Körper kaum anheben.

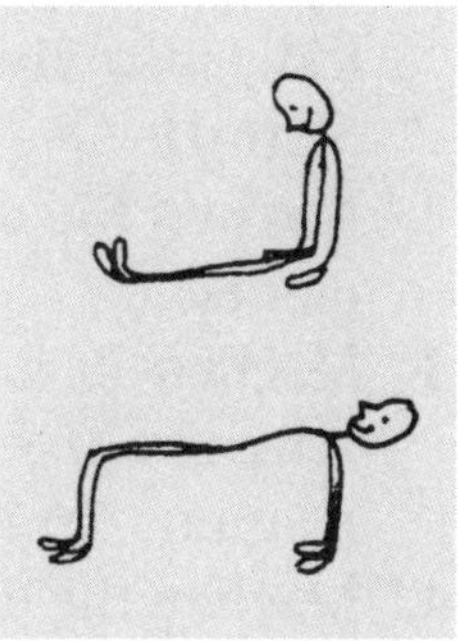

1. Sie sitzen mit gerade ausgestreckten Beinen am Boden. Kopf nach vorn, Kinn auf der Brust. Plazieren Sie die Hände neben den Hüften, die Finger liegen aneinander und zeigen leicht nach innen. Atmen Sie ein.
2. Heben Sie den Körper mit gebeugten Knien an, atmen Sie dabei aus. Die Unterschenkel stehen senkrecht. Der Körper ist in horizontaler Lage.
3. Senken Sie den Körper wieder ab, bis das Becken zwischen den Händen absitzen kann. Atmen Sie ein, und entspannen Sie sich. Bringen Sie das Kinn auf die Brust.

Energieübung 5: Körperbogen

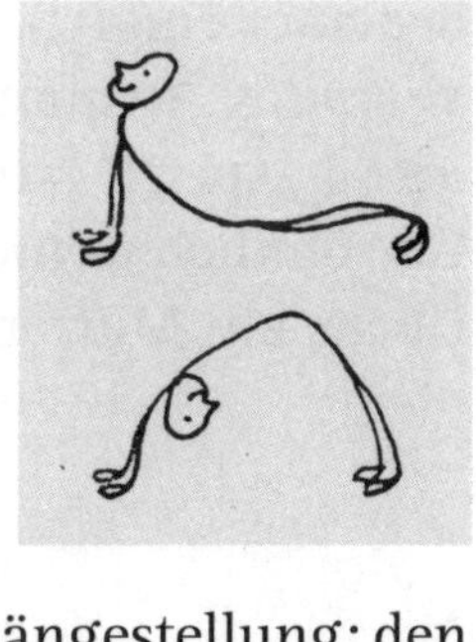

1. Plazieren Sie die Hände in Schulterbreite auf dem Boden. Strecken Sie Ihre Beine aus, die Füße etwa 60 cm voneinander entfernt. Atmen Sie ein.
2. Auf Händen und Zehen stehend, heben Sie den Körper, besonders die Hüften, soweit wie möglich an. Das Kinn beugt sich auf die Brust. Atmen Sie dabei aus.
3. Bringen Sie den Körper wieder in die Durchhängestellung; den Kopf nehmen Sie dabei soweit wie möglich zurück. Stellen Sie sich auf die Zehenspitzen. Atmen Sie dabei ein.

Wie Sie Ihren optimalen Atemrhythmus herausfinden

Wenden Sie dieses Testverfahren für jede der Übungen gesondert an:

1. Überprüfen Sie, ob Sie einen zuverlässigen Indikatormuskel (IM), also einen „klaren Muskelfunktionskreis" haben. (Vgl. Seite 18 f.)
2. Machen Sie die Übung, atmen Sie dabei flach und testen Sie den IM.
3. Machen Sie die Übung, atmen Sie dabei gemäß unserer Empfehlung ein und aus und testen Sie den IM. (Wie auch immer er reagiert: Notieren Sie das Ergebnis.)
4. Machen Sie die Übung, atmen Sie dabei umgekehrt wie unter 3. ein und aus und testen Sie den IM. (Wie auch immer er reagiert: Notieren Sie das Ergebnis.)

Wo der Muskel „sperrt" (unter Test 3 oder 4), da liegt das optimale Atemmuster für Sie vor.

Anmerkung: In manchen Fällen wird nur der Test 2 den Muskel zum „Sperren" bringen, während 3 und 4 beide „entriegeln". Das bedeutet einfach, daß es momentan für Sie unwichtig ist, ein *bestimmtes* Atemmuster zu befolgen. Wenn der Muskel bei Test 3 *und 4* „sperrt", sind *beide* Muster für Sie momentan in Ordnung. Gewöhnlich werden Sie innerhalb von zwei Wochen regelmäßigen Übens ein Muster gemäß 3 oder 4 herausbilden, das dann stabil bleibt.

Wie Sie die Übungen mit Emotionen in Verbindung bringen

1. Schauen Sie *vor* Ihrer täglichen Übungszeit (oder vor jeder einzelnen Übung) auf die farbige Karte „Emotionen der Fünf Elemente". Zu welcher Farbe fühlen Sie sich hingezogen: Rot, Gelb, Weiß, Blau oder Grün?
2. Welche Schattierung der Farbe spricht Sie mehr an: die helle oder die dunkle?
3. Schauen Sie sich die Begriffe in diesem Farbsektor an, der Sie anspricht.
4. Fragen Sie sich: „Welches Wort springt mir entgegen?"
5. Während der jeweiligen Übung (oder während der gesamten Übungsfolge) denken Sie darüber nach, was das Wort in Ihrem Leben zur jeweiligen Zeit für Sie bedeutet. Ist es ein positives Wort, so ist das in Ordnung. Ist es ein negatives Wort, so überlegen Sie, durch welches positive Wort Sie es gerne ersetzen möchten. Fragen Sie sich, was Sie tun müssen (welche Veränderungen Sie vornehmen müssen), damit das positive Wort in Ihrem Leben Wirklichkeit werden kann.

Sie können für die gesamte Übungsfolge das gleiche Wort wählen. Sie können aber auch für jede der fünf Übungen ein anderes Wort wählen, denn mit jeder Übung sprechen Sie ein anderes Energiezentrum an. Das gleiche Wort kann an verschiedenen Tagen wieder auftauchen oder auch nur einmal. Beides ist in Ordnung. Wir verarbeiten Dinge mit unterschiedlichen Geschwindigkeiten und oft auf einer Reihe verschiedener Ebenen. Während wir *einen* Aspekt einer Situation klären (zum Beispiel unsere Einstellung gegenüber dem Altern), werden *weitere* Aspekte zum Vorschein kommen (zum Beispiel unsere Einstellung gegenüber alten Menschen).

Diese Bearbeitung mentaler und emotionaler Aspekte erweitert die Übungen um eine Dimension, die andere Autoren bisher noch nicht als Wirkungsfeld der Übungen im Blick hatten. Kinesiologieanwender, die in unserem PKP-System ausgebildet wurden, haben herausgefunden, daß es die positive Wirkung jedes Balancierungsverfahrens steigert, wenn man dabei auch die *emotionale* Komponente der jeweiligen belastenden Situation einbezieht.

Wissenschaftliche Belege

Das heutige medizinisch-wissenschaftliche Denken stützt sich auf das mechanistische Newtonsche Körpermodell. Die Erkenntnisse Albert Einsteins, daß Materie Energie ist, d.h. daß Materie und Energie Ausdruck derselben universellen Substanz sind, erfordern jedoch eine neue Betrachtungsweise des menschlichen Körpers.

Die beseelende Lebenskraft ist eine Energieform, die das mechanistische Modell nicht kennt. Die Unfähigkeit der westlichen Wissenschaft mit den Vitalkräften, die den menschlichen Körper beleben, umzugehen, ist Teil des Schismas zwischen Ost und West und zwischen Religion und Wissenschaft. Sobald man jedoch anerkennt, daß wir Menschen Energiewesen sind, ergeben ganz neue Möglichkeiten, mit Gesundheit und Krankheit (oder Unausgeglichenheit) umzugehen.

Materie ist nichts anderes als verdichtete Energie. Beweise dafür, daß man mit Hilfe von Energie die Materie verändern und korrigieren kann, liefern die Entwicklung von Lasern und Hologrammen (das sind Energieinterferenzmuster, in denen in jedem Teil das Ganze enthalten ist) und das Wissen, daß in jeder Zelle des menschlichen Körpers der Bauplan der DNS-Moleküle enthalten ist.

Die Kirlian-Fotografie hat erstmals sichtbar gemacht, daß alles Lebendige von einer elektrischen Korona umgeben ist und daß deren Größe vom Gesundheitszustand des Betreffenden abhängig ist. (Bei der Kirlian-Fotografie oder Elektrofotografie werden lebende Objekte in einem hochfrequenten Energiefeld, unter hoher Spannung und niedriger Amperezahl fotografiert.)

Kombiniert man Technologie und Computerprogramme, die den CAT- Scan entwickelten (PET = Positronenemissionstomographie und MRT = Magnetresonanztomografie) mit der Kirlian-Fotografie (oder einer Weiterentwicklung davon), wird es bald die Maschine geben, die den Beweis für Wirkung und Nutzen dieser jahrhundertealten Übungen erbringen kann.

6 Anhang

Ernährung für mehr Energie, Widerstandskraft und Vitalität

Im Jahre 1977 wurden in den USA zwei wichtige Dokumente veröffentlicht: Zum einen Jaquie Davisons *Cancer Winner* (Siegerin über den Krebs); die Autorin berichtet von ihrem erfolgreichen Kampf gegen den Krebs. Darin enthalten ist der Bericht von Firman E. Baer *(Rutgers University)* zu Mineralanalysen von Gemüsen, die mit biologischen und mit herkömmlichen Methoden angebaut wurden.
Drei Beispiele:

	biologisch	*herkömmlich*
Eisen im Spinat	1584 ppm	19 ppm
Kalzium im Kohl	60 me/100 g	15 me/100 g
Magnesium in Tomaten	59,2 me/100 g	4,5 me/100 g

Diese Zahlen zeigen, daß die modernen landwirtschaftlichen Methoden den Nährwert von Nahrungsmitteln drastisch reduziert haben. Der Einsatz von Hochertragsdüngemitteln hat das empfindliche Gleichgewicht des Bodens durcheinandergebracht.

Das andere Dokument, das eine tiefgreifende Wirkung auf uns hatte, war der sogenannte McGovern-Report, der Bericht des Komitees für Ernährung und Bedürfnisse des Menschen, der vom US-Senat in Auftrag gegeben wurde. Drei Auszüge sollen hier zitiert werden, denn sie belegen, daß die moderne amerikanische Ernährung „... die Gesundheit der Nation ebenso tiefgreifend schädigen kann, wie die zu Beginn des Jahrhunderts weitverbreiteten Infektionskrankheiten." Unsere „Ernährung hat sich in den letzten 50 Jahren radikal geändert, mit großen und oft schädlichen Auswirkungen auf unsere Gesundheit. Diese Veränderungen stellen ebenso eine Bedrohung für die Volksgesundheit dar wie das Rauchen. Zu viel Fett, zu viel Zucker oder Salz kann und muß in direkten Zusammenhang gebracht werden mit Herzkrankheiten, Krebs, Adipositas, Schlaganfällen und anderen tödlichen Krankheiten. Von den zehn häufigsten Todesursachen in den Vereinigten Staaten werden sechs mit der Art der Ernährung in Verbindung gebracht."

„Wir als die Regierung haben die Verpflichtung, dies bekanntzugeben. Die Öffentlichkeit möchte Orientierung, sie möchte die Wahrheit wissen, und wir hoffen, daß wir damit heute den Grundstein für eine bessere Gesundheit für alle Amerikaner legen."

„Eine entsprechende öffentliche Erziehung muß die bedauerlichen, aber klaren Grenzen der derzeitigen medizinischen Praxis bei der Heilung von tödlichen Krankheiten hervorheben. Haben sich Bluthochdruck, Diabetes, Arteriosklerose oder eine Herzkrankheit erst einmal manifestiert, gibt es nur noch wenig, was die medizinische Wissenschaft tun kann, um dem Patienten zu der normalen physiologischen Funktion zu verhelfen. In dem Maße, in dem das Bewußtsein von diesen Grenzen wächst, wird die Bedeutung der Krankheitsvorbeugung immer offensichtlicher."

Im März 1991 berichtete die Sonderkommission für Ernährung des Gesundheitsministeriums von Neuseeland, daß nahezu die Hälfte aller Neuseeländer (47,8 %) an ernährungsbedingten Krankheiten sterben. Selbst wenn man die Menschen im Alter von über 60 Jahren nicht berücksichtigt, sind es immer noch 31 %. Die Krankheiten wurden aufgezählt. Die Liste ist derjenigen aus dem amerikanischen Bericht von 1977 sehr ähnlich.

Die sechs diätetischen Ziele des McGovern-Berichts – machen Sie diese zu Ihrem Mindestprogramm!

1. Erhöhen Sie den Kohlenhydratanteil in der Nahrung auf 55–60 %.
2. Reduzieren Sie die Fettaufnahme von 40 % auf 30 %.
3. Reduzieren Sie die Aufnahme von ungesättigten Fettsäuren auf 10 %, und erhöhen Sie den Anteil an mehrfach und einfach ungesättigten Fettsäuren auf jeweils 10 %.
4. Reduzieren Sie die Cholesterinaufnahme auf 300 mg pro Tag.
5. Reduzieren Sie die Zuckeraufnahme um 40 % auf 15 % der Gesamtenergieaufnahme.
6. Reduzieren Sie die Salzaufnahme um 50–85 % auf 3 g pro Tag.

Meiden Sie den regelmäßigen Komsum von:

1. Nahrungsmitteln mit künstlichen Zusätzen – lesen Sie die Etiketten.
2. Fertiggerichten – lesen Sie die Etiketten.
3. stark denaturierten Nahrungsmitteln – lesen Sie die Etiketten.
4. Zucker, Koffein, Zigaretten, Alkohol.
5. Schlafmitteln, Schmerzmitteln, Beruhigungsmitteln.

Gutes Essen in aller Kürze:

1. Unverarbeitete, frische, biologische Nahrung;
2. Frisches Obst und Gemüse;
3. Körner, Nüsse und Samen;
4. Hülsenfrüchte: getrocknete Bohnen, Erbsen, Linsen, Soja;
5. Kaltwasserfisch, etwas mageres Fleisch;
6. Gefiltertes Wasser: acht Gläser täglich;
7. Erhöhen Sie die Aufnahme von Ballaststoffen aus vielerlei Quellen;
8. Essen Sie 60 % Rohkost – wegen der Enzyme;
9. Verwenden Sie Butter nur sparsam und keine Margarine;
10. Nur geringe Mengen von Joghurt und Kefir.

Nahrungsergänzungen für mehr Energie, Widerstandskraft und Vitalität

In den neunziger Jahren benötigen wir auch Nahrungsergänzungsstoffe, sogenannte Supplemente. Unser Körper braucht Unterstützung, um die durch Streß, freie Radikale und Umweltverschmutzung erschöpften Vorräte wieder aufzufüllen. Wir müssen den Körper so gut wie möglich bei der Entgiftung unterstützen. Wir sind alle einem Phänomen unterworfen, das man „Totalbelastung" nennt; es bedeutet, daß alles, was unser tägliches Leben beeinflußt, langsam akkumulieren kann. Solange diese Last noch leicht ist, können wir mit Streß und den uns umgebenden Viren und Bakterien umgehen. Starke Belastungen reduzieren jedoch die Toleranzfähigkeit des Körpers und erhöhen das Erkrankungsrisiko. Heutzutage ist es sinnlos, nach nur einem Grund für eine Krankheit zu suchen. Wir müssen die „Totalbelastung" vermindern. Mit *billigen* synthetischen Supplementen spart man am falschen Platz, denn diese können die Belastung noch erhöhen.

Supplemente helfen, indem sie die Kapazität der Entgiftungsbahnen erhöhen. Wenn man sie einnimmt, gleichzeitig jedoch Fertignahrung ißt und die Qualität der Nahrungsmittel und die anderen Aspekte einer umfassenden Gesundheitsvorsorge außer acht läßt, setzt man seine Vitalität aufs Spiel. Bestehen Sie bei der Auswahl der Supplemente auf vollwertigen und naturgemäßen Nahrungsmitteln, damit Dichte und Verschiedenartigkeit der Nährstoffe sichergestellt ist.

Erkundigen Sie sich, von wem die Herstellerfirma wissenschaftlich beraten wird. Achten Sie darauf: Findet Austausch statt bei Konferenzen oder Kongressen? Holt sich die Firma die wissenschaftliche Literatur über ein Computernetz? Verfügt sie über einen Zugriff auf Daten, die auf dem neuesten Stand sind? Entsprechen ihre Labors dem pharmazeutischen Standard? Wird selbst produziert oder nur eingekauft? Kommen die Zutaten aus biologischem Anbau, sind es Vollwertprodukte, und werden sie unter Niedrigtemperaturen verarbeitet? Vergewissern Sie sich, daß Ihre Firma keine Farmen besitzt, daß jede Partie isoliert, auf Pestizide und chemische Rückstände getestet und einer Qualitätskontrolle unterzogen wird.

Das tibetische Akupunkturdiagramm

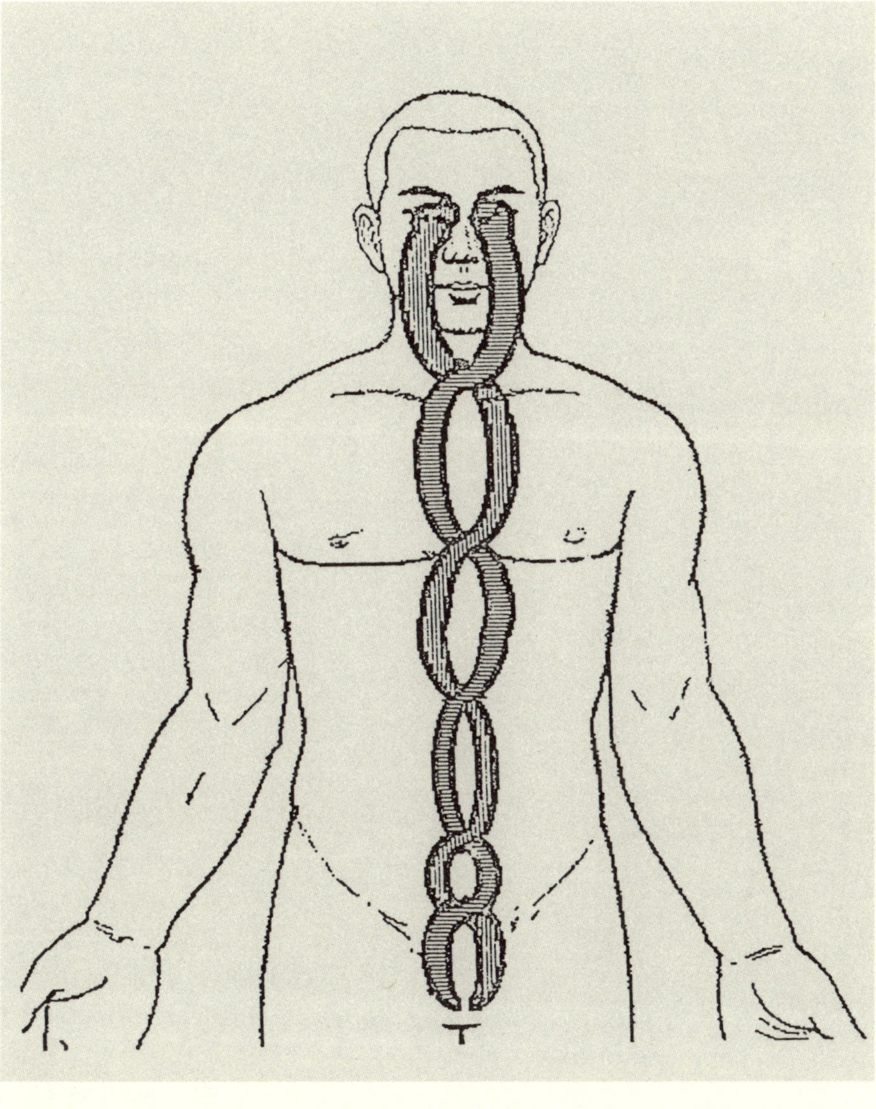

Wo Sie weitere Informationen bekommen

Die tibetischen Energieflußkorrekturen sind dafür bekannt, daß sie große Schmerzen lindern und Unbehagen und Energiemangel beheben. Nicht alle körperlichen Probleme gehen jedoch auf Störungen in diesen Energiesystemen zurück. Es gibt noch andere Systeme im Körper, mit denen wir Sie vertraut machen können. In den TfH-Kursen informieren wir Sie über weitere Möglichkeiten, wie Sie Ihre Energie erhöhen und Streß vermindern können. Diese Kurse helfen Ihnen, sich in bezug auf Ihre eigene und auf die Gesundheit Ihrer Familie wesentlich kompetenter zu fühlen und es auch wirklich zu sein. Ihre Haltung und Ihr Wohlbefinden werden sich verbessern.

Für weitere Informationen wenden Sie sich bitte an:

Dr. Bruce and Joan Dewe, PKP International
P.O. Box 25-162, St. Heliers, Auckland, New Zealand 1130
Fax: 00 64-9-5 75 28 13

Über Kurse im deutschsprachigen Raum informiert:

IAK Institut für Angewandte Kinesiologie GmbH
Eschbachstraße 5, D-79199 Kirchzarten bei Freiburg
Tel: 0 76 61/98 71 0, Fax: 0 76 61/98 71 49

Benutzte Literatur und empfohlene Bücher

John Chitty, Mary Louise Muller: *Einfach mehr Energie,* Freiburg 1994 (VAK)
Paul Dennison: *Befreite Bahnen,* Freiburg 1984; 11. Aufl. 1996 (VAK)
Bruce & Joan Dewe: *Frei von Streß. Selbsthilfe mit Kinesiologie,* Kirchzarten bei Freiburg: VAK, 1998
John Diamond: *Die heilende Kraft der Emotionen,* Freiburg 1986; 9. Aufl. 1995 (VAK)
John Diamond: *Der Körper lügt nicht,* Freiburg 1983; 12. Aufl. 1995 (VAK)
Carla Hannaford: *Bewegung – das Tor zum Lernen,* Freibg. 1996; 2. Aufl. 1997 (VAK)
Peter Kelder: *Ancient Secret of the Fountain of Youth,* Gig Harbor / WA: Harbor Press, 2. Aufl. 1989
Christopher S. Kilham: *The Five Tibetans,* Rochester / VE: Healing Arts Press, 1994
Mary Louise Muller: *Selbsthilfeübungen zur kranialen Integration,* Freibg. 1996 (VAK)
Steven Rochlitz: *Aus dem Vollen schöpfen,* Freiburg 1996 (VAK)
Stokes/Whiteside: *One Brain,* Freiburg 1990; 5., überarb. Aufl. 1997 (VAK)
Stokes/Whiteside: *Tools Of The Trade,* Freiburg 1992; 5., überarb. Aufl. 1996 (VAK)
John F. Thie: *Gesund durch Berühren – Touch for Health,* München 1995 (Irisiana)
Wayne Topping: *Stress Release,* Freiburg 1986; 6. Aufl. 1997 (VAK)
Maggie la Tourelle, Andrea Courtenay: *Was ist Angewandte Kinesiologie?,* Freiburg 1993; 4. Aufl. 1996 (VAK)

Über die Autoren

Dr. Bruce Dewe hat sich als praktischer Arzt an die alternative präventive Medizin gewandt, um eine Lösung für sein Asthma zu finden, das er während des Medizinstudiums entwickelte. Die falsche Diagnose (ursprünglich Tuberkulose), der Schreck über das „Todesurteil" durch eine unheilbare Krankheit und die lange Zeit als Patient in einer Phase seiner beruflichen Laufbahn, in der er leicht zu beeindrucken war, halfen ihm, die Grenzen der modernen westlichen Medizin menschlicher und auch objektiver zu sehen. In den vergangenen 25 Jahren war Bruce Dewe dennoch als praktischer Arzt und ärztlicher Leiter eines kleinen, ländlichen Krankenhauses tätig und lehrte Anatomie an der Hochschule für Medizin in Auckland. Ein Jahr lang studierte er natürliche Heilmethoden in den USA, in Europa und Afrika, bevor er sich für Kinesiologie als seine Form der Medizin ohne Medikamente entschied. Bruce Dewe erkannte, welchen Nutzen es bringen würde, die Menschen zu lehren, selbst für ihre Gesundheit Verantwortung zu übernehmen.

Seit 1977 unterrichtet er TfH-Lehrgänge und bildet seit 1981 auch TfH-Instruktoren aus. Bruce Dewe hat sich nicht nur auf die Urform von TfH beschränkt, sondern hat viele andere Formen der Kinesiologie in seine Arbeit mit aufgenommen. Die *Professional-Kinesiology-Practitioner-(PKP)*-Lehrgangsserie, die *TfH-Foundation* von Australien und ein auf TfH aufgebautes Studienzentrum sind praktische Verwirklichungen seiner Ideen. In ihrem Zentrum in Auckland, Neuseeland, spezialisierten sich Bruce und Joan Dewe auf neuromuskuläre Medizin, Schmerz- und Streßbewältigung, Bewältigung von Lernschwierigkeiten und Beseitigung von Ängsten, Phobien und Allergien. Bruce hat die Fähigkeit, schwierige Konzepte in einfache, leicht erlernbare Module umzuwandeln. Dies, zusammen mit dem unterhaltsamen Präsentationsstil, hat eine weltweite Nachfrage nach seinen Lehrgängen ausgelöst.

Joan Dewe beendete ihre Sprachstudien mit Examen in Französisch und Latein als den Hauptfächern und Griechisch und Englisch als Nebenfächer. Ausgebildet als Lehrerin, erwarb Joan Dewe dann in einem medizinischen Forschungsinstitut all die Fähigkeiten, die besonders wertvoll wurden, als sie ihrem Ehemann in die alternative Medizin folgte. Joan und Bruce Dewe haben zwei Töchter, von denen eine dyslektisch war. Dies veranlaßte Joan Dewe dazu, sich intensiv mit den für Eltern zugänglichen Methoden, die

Kindern beim Lernen helfen, zu befassen. TfH und später die *One Brain*- und *Structural Neurology*-Synthesen haben sich in ihren Händen als die wirksamsten Hilfsmittel erwiesen; sie wendete sie selbst erfolgreich an und lehrte sie bald auch andere Mütter und Fachleute. Zusammen mit Bruce Dewe hat sie für TfH im Südpazifik die *Professional-Kinesiology-Practitioner-(PKP)*-Lehrgänge entwickelt, um all ihre Gesundheits- und Integrationstechniken in eine sinnvolle und lehrbare Form zu bringen. Joan Dewe ist schlagfertig und hat ein ansteckendes Lachen. Diese Qualitäten, zusammen mit ihrer Fähigkeit, Informationen in einer klaren, systematischen Darstellungsweise zu präsentieren, haben sie in Australien, Neuseeland, in den USA und in Europa zu einer beliebten Seminarleiterin gemacht.

Wandkarte *Touch for Health – Gesund durch Berühren*

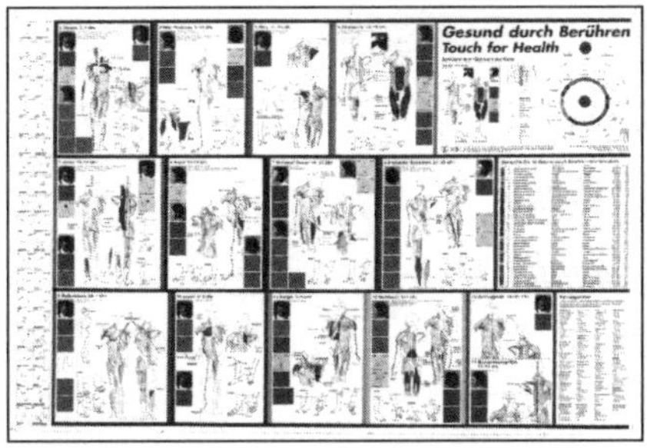

Auf dieser Karte finden Sie: 42 Gesund durch Berühren-Muskeln und ihre Testpositionen, den 14 Akupunkturmeridianen zugeordnet, mit deren Maximalzeitangaben; neurolymphatische Massagepunkte; neurovaskuläre Haltepunkte; Akupunkturpunkte; Supplemente (Nahrungsmittel, Vitamine, Mineralstoffe,); Alarmpunkte; Pulstaststellen; Meridianrad; 42-Muskeln-Schnelltestfolge; Meridian-Organ-Beziehungen. Farbgebung und übersichtliche Darstellungen helfen beim schnellen Orientieren. Die ideale Arbeitshilfe für Anfänger und Fortgeschrittene.

Format 98 x 67 cm, BestNr. 5041; 58,– DM / 52,50 sFr

Auch als Spiralblock: *Gesund durch Berühren. Touch For Health schnell im Griff*

Auf diesem handlichen Spiralblock finden Sie alle Informationen der „großen" Wandkarte – die ideale Ergänzung für unterwegs.

19 Seiten, Format 13 x 18 cm, BestellNr. 5100; 19,80 DM / 19,– sFr

Wandkarte *TFH – Mittag-Mitternacht-Gesetz und Gesetz der 5 Elemente*

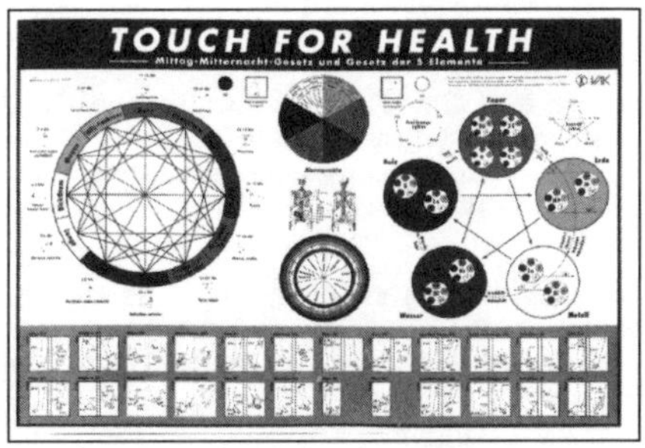

Auf dieser Wandkarte von Dr. John Thie finden Sie die grundlegenden Regeln der Fünf-Elemente-Lehre: die Mittag-Mitternachtregel, das Meridianrad mit Elementepunkten, die Meridian-Muskelzugehörigkeit, die Elemente-Analogien (Geruch, Geschmack, Laut, Emotionen, Klima, Körperteil usw.) sowie die Lage der Stärkungs- und Beruhigungspunkte – und alles farbkodiert zum leichten Auffinden.

BestNr. 5097; 48,– DM / 44,50 sFr

Wandkarte *Verhaltensbarometer*

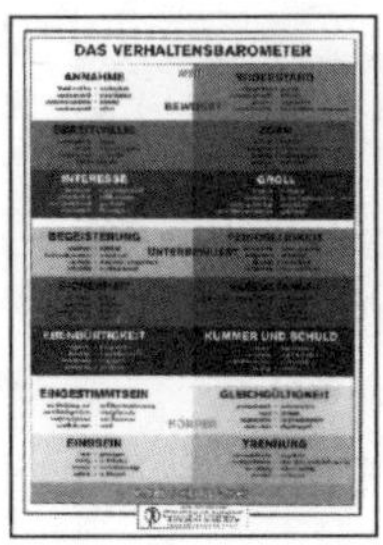

Vierfarbige Wandkarte, hrsg. vom IAK,Freiburg, Format 60 x 84 cm, beidseitig laminiert.
BestNr. 5042; 58,– DM / 52,50 sFr

Auch im Format A4 (21 x 29,7 cm), beidseitig laminiert.
Vorderseite deutscher Text,
Rückseite englischer Text.
BestNr. 5047; 12,80 DM / 12,50 sFr

Zu beziehen direkt bei:

VAK Verlags GmbH,
Eschbachstraße 5, D-79199 Kirchzarten,
Tel. 076 61-98 71 50, Fax 076 61-98 71 99

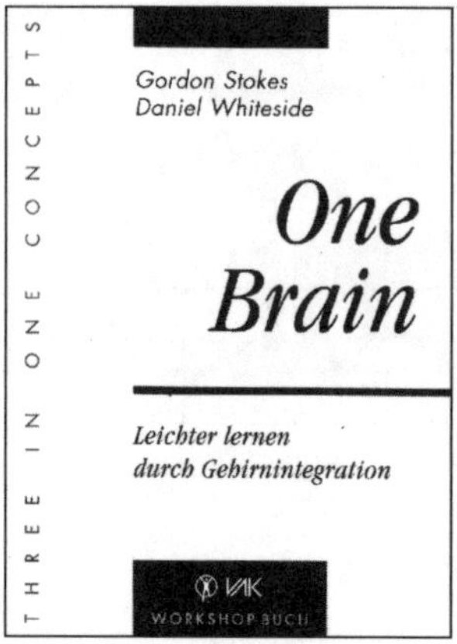

Gordon Stokes, Daniel Whiteside:

One Brain

Leichter lernen durch Gehirnintegration. Workshop-Buch

Dieses Buch ermöglicht ein ganz neues Verständnis der „legasthenischen" Störungen, – „blinde Flecken" im Gehirn, verursacht durch Verweigerung des Lernens in Situationen emotionalen Stresses. One Brain verhilft zur Identifizierung und Überwindung dieser Blockaden durch Muskeltesten und Gehirnintegration. Das als Workshop aufgebaute Buch konzentriert sich auf grundlegende Lernfähigkeiten für Lesen, Schreiben, Verständnis, Rechnen und gibt damit interessante Anregungen für Therapeuten, Lehrer und Lernende.

5., vollständig neu überarbeitete Auflage 1996, 180 Seiten,
85 Abbildungen, Format 21 x 29,7 cm,
38,– DM/35,– sFr/ 277,– öS, ISBN 3-924077-15-0

Gordon Stokes, Daniel Whiteside:

Tools of the Trade

Workshop-Buch

„Was wäre, wenn wir uns selbst von den Verhaltensweisen befreien könnten, die uns in die Erwartungen anderer einsperren? Was wäre, wenn wir bis in die tiefste Seele von der Macht unseres bewußten Denkens überzeugt wären, Ziele zu setzen, die unser inneres Selbst verwirklichen kann? Genau darum geht es in diesem Buch: mehr von unserer eigenen Autorität und ihrer inneren Stärke zurückzugewinnen."

(Aus der Einführung)

6. Auflage 1997, 100 Seiten, zahlreiche Abbildungen,
Paperback, Schweizer Broschur (21 x 29,7 cm),
32,– DM/29,50 sFr/234,– öS, ISBN 3-924077-16-9

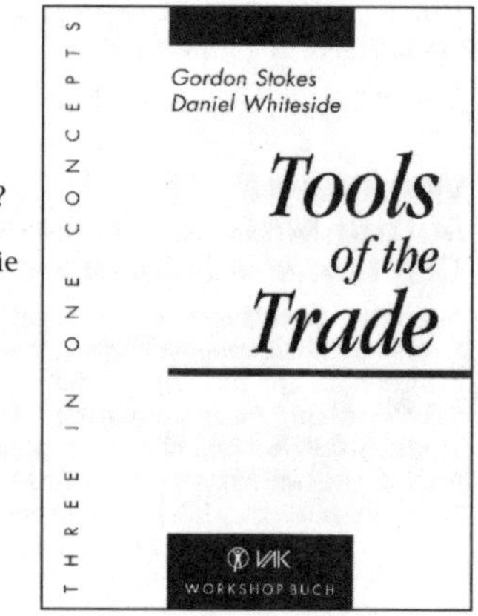

Steven Rochlitz:

Aus dem Vollen schöpfen

Energiebalance für jeden mit der Rochlitz-Methode

Wußten Sie schon, daß Dirigenten ein weit über dem Durchschnitt liegendes Alter erreichen, bei guter körperlicher und geistiger Gesundheit? Der Autor analysierte Lebensweise und Arbeit der Dirigenten, insbesondere die für sie typischen Armbewegungen, die u. a. zur Integration der beiden Gehirnhälften beitragen. Daraus entwickelte er ein einfaches Übungsprogramm, verbunden mit Ernährungsempfehlungen. Damit lassen sich vielerlei typische Altersbeschwerden vermeiden oder mildern. Die Stärke der Rochlitz-Methode liegt in ihrer vorbeugenden Wirkung: Sie fördert Vitalität und Lebensfreude bis ins hohe Alter.

1996, 165 Seiten, 50 Abb., Paperback (13 x 20,5 cm),
26,– DM/26,– sFr/190,– öS, ISBN 3-924077-82-7